数字经济与高质量发展丛书

数据要素驱动下公共转移支付缓解相对贫困的政策效应研究

刘佳 著

中国商务出版社
·北京·

图书在版编目（CIP）数据

数据要素驱动下公共转移支付缓解相对贫困的政策效
应研究／刘佳著．-- 北京：中国商务出版社，2023.11
（数字经济与高质量发展丛书）
ISBN 978-7-5103-4925-6

Ⅰ．①数… Ⅱ．①刘… Ⅲ．①农村－公共服务－扶贫
－研究－中国 Ⅳ．①F126②D669.3

中国国家版本馆CIP数据核字（2023）第231725号

数字经济与高质量发展丛书
数据要素驱动下公共转移支付缓解相对贫困的政策效应研究
SHUJU YAOSU QUDONG XIA GONGGONG ZHUANYI ZHIFU HUANJIE XIANGDUI PINKUN
DE ZHENGCE XIAOYING YANJIU

刘佳　著

出版发行：中国商务出版社有限公司
地　　址：北京市东城区安定门外大街东后巷28号　　邮编：100710
网　　址：http://www.cctpress.com
联系电话：010-64515150（发行部）　010-64212247（总编室）
　　　　　010-64243016（事业部）　010-64248236（印制部）
策划编辑：刘文捷
责任编辑：刘　豪
排　　版：德州华朔广告有限公司
印　　刷：北京建宏印刷有限公司
开　　本：787毫米×1092毫米　1/16
印　　张：11.5
字　　数：206千字
版　　次：2023年11月第1版
印　　次：2023年11月第1次印刷
书　　号：ISBN 978-7-5103-4925-6
定　　价：58.00元

丛书编委会

主　　编　王春枝

副主编　米国芳　郭亚帆

编　　委（按姓氏笔画排序）

王志刚　王春枝　刘　阳　刘　佳　米国芳　许　岩

孙春花　陈志芳　赵晓阳　郭亚帆　海小辉

序

自人类社会进入信息时代以来，数字技术的快速发展和广泛应用衍生出数字经济。与农耕时代的农业经济，以及工业时代的工业经济大有不同，数字经济是一种新的经济、新的动能、新的业态，其发展引发了社会和经济的整体性深刻变革。

数字经济的根本特征在于信息通信技术应用所产生的连接、共享与融合。数字经济是互联经济，伴随着互联网技术的发展，人网互联、物网互联、物物互联将最终实现价值互联。数字经济是共享经济，信息通信技术的运用实现了价值链条的重构，使价值更加合理、公平、高效地得到分配。数字经济也是融合经济，通过线上线下、软件硬件、虚拟现实等多种方式实现价值的融合。

现阶段，数字化的技术、商品与服务不仅在向传统产业进行多方向、多层面与多链条的加速渗透，即产业数字化；同时也在推动诸如互联网数据中心建设与服务等数字产业链和产业集群的不断发展壮大，即数字产业化。

近年来，我国深入实施数字经济发展战略，不断完善数字基础设施，加快培育新业态新模式，数字经济发展取得了显著成效。当前，面对我国经济有效需求不足、部分行业产能过剩、国内大循环存在堵点、外部环境复杂严峻等不利局面，发展数字经济是引领经济转型升级的重要着力点，数字经济已成为驱动中国经济实现高质量发展的重要引擎，数字经济所催生出的各种新业态，也将成为中国经济新的重要增长点。

为深入揭示数字经济对国民经济各行各业的数量影响关系，内蒙古财经大学统计与数学学院组织撰写了"数字经济与高质量发展丛书"。本系列丛书共11部，研究内容涉及数字经济对"双循环"联动、经济高质量发展、碳减排、工业经济绿色转型、产业结构优化升级、消费结构升级、公共转移支付缓解相对贫困等领域的赋能效应。

丛书的鲜明特点是运用统计学和计量经济学等量化分析方法。统计学作为一门方法论科学，通过对社会各领域涌现的海量数据和信息的挖掘与处理，于不确定性的万事万物中发现确定性，为人类提供洞见世界的窗口以及认识社会生活独特的视角与智慧，任何与数据相关的科学都有统计学的应用。计量经济学是运用数理统计学方法研究经济变量之间因果关系的经济学科，在社会科学领域中有着越来越广泛的应用。本套丛书运用多种统计学及计量经济学模型与方法，视野独特，观点新颖，方法科学，结论可靠，可作为财经类院校统计学专业教师、本科生与研究生科学研究与教学案例使用，同时也可为青年学者学习统计方法及研究经济社会等问题提供参考。

本套丛书在编写过程中参考与引用了大量国内外同行专家的研究成果，在此深表谢意。丛书的出版得到内蒙古财经大学的资助和中国商务出版社的鼎力支持，在此一并感谢。受作者自身学识与视野所限，文中观点与方法难免存在不足，敬请广大读者批评指正。

丛书编委会

2023 年 9 月 30 日

前　言

2020年是脱贫攻坚的决胜之年，我国如期完成了现行标准下农村贫困人口全部脱贫、贫困县全部摘帽的目标任务，消除了绝对贫困和区域性整体贫困，取得了举世瞩目的伟大胜利。在绝对贫困治理阶段，公共转移支付起到了至关重要的作用，它对贫困人口和低收入人群的基本经济福利起到保障作用，是缩小收入差距、减少贫困、维护社会公平稳定的有效工具，具有直接性、显著性、广泛使用性和执行成本低等特点，是我国政府长久以来使用的重要扶贫手段。早在2015年习近平总书记提出"五个一批"工程时，就强调了公共转移支付对减贫的"社会兜底"作用。

现如今，我国已进入全面建成小康社会的相对减贫时期，反贫困重心将转向解决相对贫困问题。与绝对贫困相比，相对贫困的内涵、成因更加复杂。因此，相对贫困的治理任务也将更加繁重，对减小收入差距，改善收入分配，促进公平正义的要求也更高。那么在脱贫攻坚期间发挥重要作用的公共转移支付政策，能否在相对贫困治理时期继续起到缓解相对贫困和维护社会公平稳定的作用，值得我们探讨和研究。基于此，笔者首先对公共支出理论和贫困理论进行梳理和总结，在梳理文献过程中发现，安格斯·迪顿的消费贫困理论对我国新时期相对贫困治理工作具有良好的启示作用。第一，微观调查数据相较于宏观数据更能反映贫困群体生活的真实状态和细节，有利于我们有针对性地制定相关政策；第二，家庭福利水平的高低主要体现在对各类商品和服务的购买能力上，消费是比收入度量个体及其家庭福利更合适的指标。基于安格斯·迪顿的消费贫困理论，本书重点研究了以下问题：一是从消费的角度制定相对贫困标准；二是基于家庭人口构成和规模经济计算等价尺度，筛选出相对贫困人口；三是研究公共转移支付对城乡相对贫困家庭的减贫效应；四是探索新时期提升公共转移支付减贫效应的路径。

在制定相对贫困标准方面：基于中国家庭追踪调查（CFPS）数据库中八大类消费和收入数据，运用扩展线性支出系统（ELES）估计了绝对贫困（满足衣食住）、"两不愁三保障"贫困（不愁吃、不愁穿，义务教育、基本医疗和住房安全有保障）、相对贫困（八大类基本消费需求）三种口径下的2016年和2018年城乡贫困线。并以2010年为不变价，根据国家统计局公布的2011—2018年的我国城乡价格指数，对所测算的贫困线进行了调整。而后对三种口径相对贫困线的合理性分别从统计学、经济学、社会学角度逐一进行分析。通过与已有研究对比发现，本书所测算出的相对贫困线属于高标准下的相对贫困线。

在计算家庭等价尺度方面：参考万相昱（2015）根据扩展线性支出系统对消费进行分类的等价尺度测算模型，得到2016年和2018年城乡家庭成人、儿童和老人的等价尺度。而后重新评估了我国2016年和2018年城乡的相对贫困程度，FGT指数（Foster-Greer-Thorbecke poverty index）测算出来的有关相对贫困的广度（贫困发生率）、深度和强度显示，经过家庭成员等价尺度调整计算的家庭人均纯收入所度量的城乡相对贫困发生率要远远小于按家庭人均纯收入所度量的城乡相对贫困发生率。可见，我国城乡居民家庭消费具有较大的规模经济效应。另外，无论是2016年还是2018年，城镇的相对贫困发生率均大于农村的相对贫困发生率，可见城镇的相对贫困不容小觑，未来应把城镇的相对贫困群体纳入贫困治理范围内。

进一步研究发现，第一，相对贫困群体特征方面，女性的相对贫困发生率均略高于男性，女童的相对贫困发生率均略高于男童。儿童和老人的相对贫困发生率均高于成人，呈现出"U"形发展趋势。受教育程度越高的群体相对贫困发生率越低，二者基本呈反向关系。在相对贫困群体中，身体在亚健康以下的居民占比非常高，平均在50%以上。患有心理疾病居民的占比在30%以上。第二，相对贫困群体的地域特征方面，除2016年和2018年东北部农村外，我国相对贫困的发生率由东部向东北部、中部、西部逐级递增。第三，相对贫困群体的收入特征方面，城镇相对贫困群体的主要收入来源是工资性收入，而农村相对贫困群体的主要收入来源是工资性收入和经营性收入。此外，转移性收入在城镇和农村相对贫困群体收入中的占比也较高。总体来看，财产性收入为零的占比最大，其次是其他收入为零的占比，排在第三位的是工资性收入和经营性收入为零的占比。众所周知，财产性收入和工资性收入差距是造成我国收入差距的主要原因。第四，相对贫困群体的消费特征方面，无论是城镇还是农村，2018年相较于2016年生存型消费支出占比有所上升，发展与享受型消费支出占比均有所下降，而且城镇相较于农村而言发展与享受型消费占比下降幅度略大一些。相对贫困群体无法实现消费升级是制约其发展的主要因素之一。

在测度公共转移支付对城乡相对贫困家庭的减贫效应方面：基于2018年相对贫困家庭情况，从消费的角度采用倾向得分匹配（PSM）法对公共转移支付的相对贫困减贫效应进行了测度。研究发现，公共转移支付减少了城乡相对贫困家庭的消费数量，分别平均减少了31.01%和20.32%。城乡相对贫困家庭生存型消费支出占比和发展享受型消费占比均未通过显著性检验，表明公共转移支付对城乡相对贫困家庭消费结构没有显著影响。

由于城乡相对贫困家庭大多没有固定收入来源，存在很强的流动性约束，因此预防性储蓄动机相比正常家庭而言更加强烈。原本寄希望于公共转移支付能帮助相对贫困家庭突破风险厌恶点，释放一部分消费，但公共转移支付并没有实现其政策目标，反而抑制了城乡相对贫困家庭的消费。因此，现有的公共转移支付政策对城乡相对贫困家庭并不完全适用，尤其是对城镇相对贫困家庭。

在探索新时期提升公共转移支付减贫效应的路径方面：依然从消费的角度，以2018年城乡相对贫困家庭为样本，依据英国国际发展部提出的人类可持续生计资本中的金融资本、人力资本和社会资本对公共转移支付减少城乡家庭相对贫困的影响做出政策设计和研究假设。分别从这三类资本中选取代理变量，采用调节效应分析方法将代理变量加入公共转移支付减少城乡家庭相对贫困的路径中，再运用倾向得分匹配（PSM）法估计每一个代理变量和公共转移支付交互后对公共转移支付减少城乡家庭相对贫困的调节效应，以及各代理变量与公共转移支付的交互项组合以后的调节效应，以此来探索提升公共转移支付减贫效应的路径。研究发现，以上资本对公共转移支付减少城乡家庭相对贫困均有促进作用，城镇由高到低分别为：养老保险、商业保险、对本县级行政区政府的信任和培训；农村由高到低分别为：养老保险、对本县级行政区政府的信任、培训和商业保险。将以上政策工具与公共转移支付的交互项共同作用于城乡相对贫困家庭时，对公共转移支付减少城镇家庭相对贫困的促进作用为5.82%，对公共转移支付减少农村家庭相对贫困的促进作用为2.95%。将以上政策工具和公共转移支付的交互项排列组合后得到的调解效应，城镇均小于5.82%，农村均小于2.95%。由此可见，公共转移支付加上所有政策工具的组合更有利于减少城乡家庭相对贫困。

基于以上结论，本书从健全相对贫困评估体系和监督机制、建立以减少消费贫困为导向的综合性公共转移支付政策等其他方面提出政策建议。

本书得到了国家社科基金一般项目（2022BTJ040）的资助，是该项目的阶段性成果之一。

刘　佳

2023年11月

目　录 ➡

1　导　论

1.1　研究背景和研究意义

1.1.1　研究背景

解决贫困问题对任何一个国家来说都是一项复杂而艰巨的历史任务，中国也不例外。自改革开放以来，中国的扶贫政策先后经历了1978—1985年的经济体制改革带动下的扶贫阶段，1986—2000年的区域开发推动下的扶贫阶段，2001—2012年的整村全面推进式的扶贫阶段。党的十八大以来，以习近平同志为核心的党中央高屋建瓴，不断创新思路、改进扶贫方式，将脱贫攻坚任务纳入"两个一百年"奋斗目标的重大战略部署之中，推动我国扶贫事业进入精准扶贫的新阶段（2013—2020年）。截至2020年末，我国551万农村贫困人口全部实现脱贫，如期完成了现行标准下农村贫困人口全部脱贫，贫困县全部摘帽的目标任务，消除了绝对贫困和区域性整体贫困，取得了举世瞩目的伟大胜利[①]。

我国之所以取得脱贫攻坚的全面胜利，离不开全体人民的辛勤付出，更得益于我国政府在脱贫攻坚期间深谋远虑的财政政策选择和政策支持。据统计，2020年末全国共有805万人享受城市最低生活保障，3 621万人享受农村最低生活保障。

现如今，我国已进入全面建成小康社会的相对减贫时期，反贫困重心将转向解决"相对贫困"问题。与绝对贫困相比，相对贫困的内涵、成因更加复杂。因此，相对贫困的治理任务也将更加繁重，对减少收入差距，改善收入分配，促进公平正义的要求也更高。那么在脱贫攻坚期间发挥重要作用的公共转移支付等财政政策，能否在相对贫困治理时期继续起到缓解相对贫困和维护社会公平稳定作用，值得我们探讨和研究，本书将围绕公共转移支付减少城乡家庭相对贫困问题进行研究。

---

① 资料来源：《2020年国民经济和社会发展统计公报》，国家统计局，2021年2月28日.

1.1.2　研究意义

1.有助于为新时期我国识别相对贫困和制定新标准提供参考依据

党的十九届四中全会提出"坚决打赢脱贫攻坚战，巩固脱贫攻坚成果，建立解决相对贫困的长效机制"。建立解决相对贫困的长效机制的第一步就是划定科学、合理的相对贫困标准，本书基于2015年诺贝尔经济学奖获得者安格斯·迪顿（Deaton）的消费贫困理论，采用实证的方法划定相对贫困线。实证方法确定相对贫困线的优势在于：首先，它不掺杂任何人为因素，不以制定者的主观意志为转移，它是自然形成的；其次，方法比较灵活，不仅可以制定全国的相对贫困线，也可以制定城镇和农村甚至各地区的相对贫困线；再次，它能自动与社会整体收入或消费水平挂钩而"水涨船高"，具有自动调整的机制，用其作为相对贫困线，符合经济学原理；最后，在监测和分析动态、横向和纵向比较、反映社会发展进程上具有其他测度方法不可比拟的优势。

2.有助于为提高新时期我国城乡相对贫困家庭消费水平提供参考依据

居民家庭消费水平是衡量居民家庭生活水平的重要指标，我国居民家庭消费的增长速度和城乡居民家庭的消费差距一直备受关注。相对贫困家庭是居民家庭的重要组成部分，是政府和社会关注的重中之重。本书从优化公共转移支付的角度提出促进城乡相对贫困家庭消费、缩小城乡相对贫困家庭消费差距的措施。在提升公共转移支付减贫效应的同时，挖掘城乡相对贫困家庭的消费潜力，实现相对贫困群体的可持续发展。

3.有助于为构建新时期我国公共转移支付减贫效应的长效机制提供参考依据

我国进入相对贫困治理时期后，公共转移支付依然是治理相对贫困非常重要的手段。如何继续发挥公共转移支付减贫的作用，实现其可持续减贫，首先要从公共转移支付的减贫效应研究入手。本书基于Deaton的消费贫困理论，以家庭为单位，从家庭的"特殊性"、成员禀赋特征和自身约束条件出发，解构和测度公共转移支付的减贫效应，厘清公共转移支付在减贫方面存在的问题，为构建新时期我国公共转移支付减贫效应的长效机制提供参考依据。

1.2 文献回顾与述评

1.2.1 文献回顾

迄今为止，国内外学者主要从四个方面对公共转移支付的减贫效应进行了测度和实证检验，分别是公共转移支付的减贫效果、公共转移支付的激励机制、公共转移支付的瞄准情况和公共转移支付的"挤出"效应。另外，随着微观数据库的日益更新和完善，国内外学者对公共转移支付减贫效应研究的视角也从宏观的政策方针逐步拓展到社区、家庭甚至是个人层面，使得这方面的研究更具深度和广度。

1.公共转移支付的减贫效果分析

西方国家的社会福利制度建立得相对较早，发展得也比较完善，很早便开始了对公共转移支付的减贫效应研究。"庇古–道尔顿转移支付法则"（1920）认为，政府通过收入再分配将富人的一部分财富转移给穷人，能够减少不平等从而增进社会福利[1]。Sen（1976）指出，将收入从贫穷的人手里转移到更为贫穷的人手里时会使贫困发生率下降[2]。Atkinson等（1996）的研究表明，公共转移支付中的社会救助类项目不但有收入再分配的调节和减贫功能，还具有诸如失业救助、跨时家庭收入分配的保障作用[3]。Chen等（2008）的研究也表明，公共转移支付在一定程度上改善了贫困状况，短时期内主要影响储蓄，在长期起到促进消费和增加收入的作用[4]。Kenworthy（1999）认为，个体在寻找工作时产生的成本会被公共转移支付的收入所抵偿，公共转移支付也会帮助一些开创初期的小企业不断成长，当这些企业发展成熟以后会给员工提供稳定的收入从而改善收入不平等[5]。

随着我国扶贫工作的日益深入，我国学者也开始关注公共转移支付的减贫成效。刘柏惠和寇恩惠（2014）的研究表明，政府净转移收支对城镇居民收入的不平等有调节作用，并且随着时间的推移这种调节作用越来越大[6]。郭庆旺等（2016）基于2007年住户调查数据，利用UL模型对中国政府转移性支出影响居民收入分配的程度进行了测算，研究表明，政府转移性支出可使全部、城镇和农村居民的收入差距分别降低10.53%、21.10%和2.37%[7]。杨怀宏（2015）对我国30个省区市的宏观数据运用改进的动态面板数据模型分析了经济开放度、经济增长、人力资本、产业结构、城镇化以及财政转移支付对城镇贫困的影响情况。结果表明：经济增长是解决贫困问题的关键；财政转移支付对减贫具有正向效应，位居第二；对减贫影响最小的是产业结构调整[8]。卢洪友和杜亦譞（2019）对中国财政再分配工具的减贫效果进行了测度，结果发现，中国财政再分配工具具有明显的减贫效果，此方法对全国贫困的广度、深度、强度均有超过20%的抑制作用[9]。刘雯（2020）在检验公共转移支付对收入的影响时发现，公共转移支付可以有效帮助农户增收，缩小收入差距，这一影响通过提高单位时间的工资得以实现[10]。张鹏等（2020）利用四期中国家庭追踪调查（CFPS）数据，运用A—F双临界值法对多维贫困家庭进行识别，研究发现，公共转移支付对农村多维贫困的抑制作用明显，更为细致地来说，可以通过增加农村的教育培训、医疗等多种方式减少多维贫困。李丹等（2020）对国家扶贫开发重点县的情况进行分析，认为国家财政转移支付项目对整体减贫效果较显著。从公共转移支付各分项上看，王娟和张克中（2012）在公共支出与贫困关系理论的基础上，根据1994—2004年的各省面板数据研究各项公共支出的减贫效应，发现社会救济支出等转移性支出具有明显的减贫效果，但减贫效果的大小有一定的差异[11]。鲍震宇和赵元凤（2018）基于2015年中国健康与养老追踪调查（CHARLS）数据，运用基准模型、PSM模型和2RIS模型，考察了农村居民医疗保险的减贫效果。研究发现，住院统筹保险可在5%~7%的水平下显著降低贫困发生率；多重医疗保障虽然具有减贫效果但结果并不稳定[12]。柳清瑞和刘淑娜（2019）同样对农村基本养老保险的减贫效果进行了研究，认为效果初步显现，针对老年群体的差异性，他发现农村基本养老保险对健康情况较差以及独居老人的影响较明显[13]。曹艳春（2016）认为，低保对农村贫困家庭的人均纯收入具有完全替代效应，提高了贫困家庭的人均消费支出，缩小了农村贫富差距[14]。王庶和岳希明（2017）利用2006—2010年贫困监测数据，采用双重差分的方法评估退耕还林补贴对贫困农户的减贫效果，认为退耕还林补贴集中发放给了农村的低收入家庭，减小了农村居民收入的差距[15]。刘成奎和齐兴辉（2019）研究发现，低保对子代人力资本的影响主要体现在贫困家庭儿童学习成绩上，且在城市或父母教育程度较高的家庭更为显著[16]。张召华等（2019）采用模糊断点回归模型对CHARLS数据进行分析，以评价新农保在减贫、防贫方面的群体差异性，他在研究中证实了差异性的存在，单对老年人这一群体也应该精准识别，分类定级，以达到高效扶贫[17]。郑晓东等（2020）对有条件的现金转移支付的减贫效果进行了分析，认为在中国现阶段，可以重点考虑这一扶贫措施[18]。

　　许多研究表明，公共转移支付无疑会增加贫困人群的收入，减少收入贫困。那么，公共转移支付是否也能够给予贫困人群更多的机会和能力，从而减少多维贫困呢？王曦璟（2016）的研究表明，贫困人口所在地区的公共服务能力，如教育、医疗设施等公共物品的供给和完善程度，会影响公共转移支付减少多维贫困的效果。地区公共服务能力越强，公共转移支付减少多维贫困的效果越好[19]。陈国强等（2018）的研究表明，公共转移支付对收入贫困的减贫效果大于对多维贫困的减贫效果；个体异质性分析显示，当以样本陷入贫困的概率作为横轴，公共转移支付减贫的次级调节效应作为纵轴时，二者呈倒"U"形变化，这意味着公共转移支付对极端贫困人口的减贫效果更好[20]。

但是，国内外也有一些学者对公共转移支付的减贫效果产生了质疑。Arrow等（1979）认为，短期内公共转移支付对贫困群体起到了帮扶的作用，从长远来看，公共转移支付会破坏经济的增长，因此公共转移支付并没有达到减贫的效果[21]。Walle（2004）通过调查数据研究了越南社会福利项目的覆盖范围、发生率和水平公平性，发现越南的社会福利计划是中央授权的，但却依赖当地的规范和标准以及当地的资金情况，社会福利对于帮助贫困居民脱贫的作用并不明显[22]。Li等（2010）运用可计算一般均衡模型（CGE）研究了中国的公共转移支付和税收对各个地区贫困及收入不平等的影响，发现公共转移支付对中国东部地区减少贫困和收入不平等所起的作用不明显，税收比公共转移支付在减少贫困和收入不平等方面更有效[23]。Dabalen等（2008）对1993年阿尔巴尼亚实施减贫措施的效果运用倾向得分匹配（PSM）法进行了评价，该减贫措施采用补助的方式对达到标准的人群进行持续性救助，调查发现，该措施的受助者在生活中的各种福利状态都没有达到预期效果，尤其是女性群体和城镇居民更为明显[24]。

国内学者也有类似的结论，如夏庆杰等（2007）利用中国家庭收入项目调查（CHIP）数据分析得出，公共转移支付中的生活困难救助对城镇贫困人口的减贫效果很小，城镇贫困人口的减贫几乎全部归功于经济增长[25]。江新昶（2007）基于中国分省面板数据，对政府间转移支付与地区发展差距和经济增长之间的关系进行实证研究。结果显示，转移支付在地区间的分布具有"马太效应"，越是富裕的地区，得到的转移支付越多，转移支付没有发挥缩小地区间发展差距的作用。在转移支付的三个组成部分中，专项转移支付和税收返还扩大了地区发展差距，财力性转移支付有助于缩小地区发展差距，并且推动经济增长的效率最高[26]。解垩（2015）研究发现，最低生活保障、居民养老保险对城市老年贫困人口的作用很小，且最低生活保障不但对农村老年贫困人口没有减贫作用，反而增加了农村老年人的贫困[27]。徐超和李林木（2017）运用2012年CFPS数据，采取倾向得分匹配（PSM）法分析了低保对城乡家庭贫困脆弱性的影响，结果表明，无论对城市还是农村家庭，低保并不能改善家庭的贫困脆弱性，反而有可能提高家庭将来陷入贫困陷阱的可能性[28]。田子和解垩（2018）根据2012年和2014年中国家庭追踪调查（CFPS）数据，使用断点回归法测算出新型农村社会养老保险和城镇居民社会养老保险的减贫效果，发现效果均不显著，脱贫攻坚任重而道远[29]。肖攀等（2020）基于2018年的CFPS数据，利用Logit模型对农户家庭的脆弱性进行了分析，发现政府转移支付对农户家庭的脆弱性并未改善反而增加[30]。孙伯驰和段志民（2020）利用CFPS数据测量了农村贫困家庭的脆弱性并分析了低保制度对其脆弱性的影响，认为现行农村低保制度提高了农村家庭的脆弱性，不利于未来的状况改善[31]。

2. 公共转移支付的激励机制分析

学者们从不同角度对公共转移支付减贫效果的研究表明，公共转移支付的减贫效果好坏不一，这引起了众多学者对公共转移支付的激励机制进行研究的兴趣。Blau和Robins（1986）通过研究发现，公共转移支付政策会对贫困人口的劳动供给产生负向的激励[32]。Darity和Myers（1987）认为，贫困人口对转移支付产生依赖性，不再外出工作获取劳动报酬，仅维持最基本的生活水平。因此，公共转移支付不仅没能让穷人减少贫困，反而使穷人深陷于贫困之中[33]。Cebula和Coombs（2008）研究认为，公共转移支付对贫困人口劳动供给产生的负向激励对女性和城镇样本等一些特定群体尤为明显。因此，得出结论，无条件式的、普惠的公共转移支付减贫措施将会使人们陷入贫困陷阱[34]。Skoufias和Maro（2006）认为，公共转移支付的减贫效果取决于对人们的劳动供给能否产生正向的激励，而且他们通过对墨西哥"PROGRESA"项目数据的分析发现，公共转移支付对人们的劳动供给没有产生正向的激励，所以没达到减贫的效果[35]。Ravallion和Chen（2015）指出，无条件的公共转移支付会令受助者无论在心理还是生理上都产生依赖性，而有条件的公共转移支付对受助者更具有正向激励效应[36]。因此，有学者试图从政策设计层面探索公共转移支付的配给方式，使其既能提高受助者的收入又能激发受助者的脱贫动力。Gertler等（2012）针对"PROGRESA"项目提出：假设把受助者得到的转移支付用于生产，那么公共转移支付将帮助受助者改善自身的生产条件而使生产力得到提升。结果表明，若受助者将所获取转移支付的26%投入生产，那么受助者的永久性消费将会增加1.6%[37]。

国内也有部分学者研究了公共转移支付对我国贫困人口的劳动供给是否具有激励机制。蒋宏飞（2008）在研究中分析了退耕还林政策实施中的一些问题，引起复耕的外部因素之一便是补贴政策激励功能的不足[38]。刘穷志（2010）的研究发现，公共转移支付使农村贫困家庭对其产生了依赖性而减少了劳动和投资，最终导致这些农村贫困家庭仅能维持最基本生活，难以脱贫致富[39]。王增文和邓大松（2012）认为，社会救助降低了受助者的就业意愿，使受助者产生了依赖性[40]。储德银和赵飞（2013）的研究发现，公共转移支付对我国农村贫困家庭的门限值是 0.696 5，当公共转移支付的比例低于此值时，则有利于减少贫困，反之则会因为福利依赖增加了贫困[41]。刘一伟（2018）通过解释机制发现农村低保不但有"瞄准错位"的现象，还产生了"福利依赖"的问题，这些问题的存在无疑会弱化低保的减贫效应[42]。

自 2013 年以来，随着精准扶贫战略在我国全面推进，我国政府对贫困群体提供了更好、更宽松的创业、就业环境，例如，技术帮扶、人才培养等降低了贫困群体的创业、就业的成本，提高了他们创业、就业的积极性，从而使他们获得了比"低保"等转移支付项目更丰厚的收入，转移支付对贫困群体劳动供给的正向激励作用逐渐显现出来。王鸥和杨进（2014）研究认为，农业补贴能够从正面显著影响农户粮食投入、播种面积、产量，并且这种影响在贫困地区更为显著[43]。高鸣和宋洪远（2017）通过不同的数据与方法也得到了类似的结论，他认为农业补贴可以显著减少小麦生产效率的损失[44]。朱长宁和王树进（2015）在研究退耕还林政策对农户经济行为的影响时发现，退耕户非农就业收入占比越大，其农户的总收入便更高，并且非农就业收入已经可以替代原先耕作的收入[45]。解垩（2017）的研究表明，如果以直接税为公共转移支付筹资，那么消费的增加会促进经济增长，而且会对贫困群体的劳动供给产生正向激励，导致贫困发生率下降[46]。田勇等（2019）的研究表明，公共转移支付以增加农业产出的方式对农民的劳动供给产生了正向的激励作用，从而减少了贫困[47]。以上研究对我国新时期公共转移支付反贫困的顶层设计无疑具有一定的参考价值。新时期我国的公共转移支付应该逐步向促进生产力发展、提升贫困人口可持续发展能力的方向进行调整。另外，公共转移支付的筹资方式以直接税为主时，征收的对象主要为高收入群体，采用这种筹资方式对缩小收入差距的效果会更加明显。

3. 公共转移支付的瞄准情况分析

通过进一步研究，人们发现影响公共转移支付减贫效果的原因是多方面的。

Coady 等（2004）对 48 个国家的共 122 个减贫项目研究发现，近 31 个公共转移支付项目表现出累退（亲富人）的特征，贫困人口得到的公共转移支付远远小于其人口份额。因此得出结论，影响公共转移支付减贫效果的另外一个重要原因是公共转移支付是否真正瞄准了贫困人群，实现靶向治疗[48]。Brady（2005）研究了 18 个西方国家1967—1997年的福利及贫困相关数据，探讨了福利政策与贫困的关系，也发现了类似的现象，进一步证明了此结论[49]。Chen等（2006）认为，在低保实施初期，中国城市低保的错保率达到43%，但在国际水平上来看，瞄准率较高[50]。Dimova和Wolff（2008）指出，公共转移支付在减少收入贫困方面起到了一定的作用，但公共转移支付并没有全部给到受助者手里，因为在政策制定时就存在一定的偏误，公共转移支付的瞄准目标一般是就业群体中的贫困者，并没有瞄准真正的弱势群体，即使是针对弱势群体的专项公共转移支付，也会覆盖一些非贫困者，公共转移支付漏损严重[51]。Newbery和Stern（1987）发现122个项目中最受质疑的是公共转移支付补助食品消费项目，此项目并没有达到减贫的效果，而且造成了较大的经济浪费[52]。Gao等（2015）利用2002年和2007年中国家庭收入调查（CHIP）数据，采用倾向性评分匹配法对中国城市低保减贫效果进行深入研究发现，低保在两年内均具有显著的减贫效果，2007年的减贫效果大于2002年。但是，低保仍无法消除全部目标贫困人口，这两年的贫困率、贫富差距和严重程度仍然显著。对贫困人口的瞄准率有待提升，未来的政策改革应着眼于通过更好的目标定位来缩小利益差距，提高低保的扶贫效果[53]。Golan等（2017）也都基于不同年份的中国家庭收入调查（CHIP）数据，分析了世界上最大的最低收入现金转移计划之一——"低保"。低保在中国目前的减贫战略中处于核心地位，因此对低保的减贫绩效研究具有重要的意义。研究发现，低保为贫困人口提供了充足的收入，但并没有大幅降低中国贫困的总体水平。主要原因是低保存在靶向误差，目标定位精度低、社会收益率呈显著负增长[54]。

除了政策制定的不完善导致公共转移支付瞄准率低外，诸如精英俘获效应等原因也会使公共转移支付出现漏损情况。Besley等（2012）的研究表明，相对于其他公民，当选的村委会成员更有可能被选为大型转移支付计划的受益人。与其他村庄相比，首席议员村也获得了更多的公共物品[55]。Caeyers和Dercon（2012）基于埃塞俄比亚农村家户调查数据的研究表明，与村庄管理者有密切关系（亲属关系或者朋友关系）能够显著提高农户获得公共食品救助的概率和数量。与村庄管理者有密切关系的家庭获得免费食物的概率要比没有关系的家庭高出12%。这种影响很大，因为它相当于初始生活水平直接提高到150%。干旱过后这种现象尤为明显，对于那些与管理者有关系的人来说，因为工作获取的支付食物的费用也要高出3/1[56]。Panda（2015）通过分析一个具有全国代表性的印度家庭调查数据集来考察印度济贫配给卡项目，分析结果显示，与当地执行官关系密切的人或其家庭成员相对于和他没有关系的家庭显著增加了获得减贫权利的可能性。这种普遍存在的政治精英俘获现象，干扰了政府对贫困人口的识别，使瞄准率降低[57]。Kilic等（2015）利用具有全国代表性的家庭调查数据，讨论了马拉维农场投入补贴计划，也发现了同样的现象，那些与村庄负责人关系紧密的农户更容易获得济贫性农业投入补贴[58]。这种普遍存在的政治精英俘获现象，干扰了政府对贫困人口的识别，使瞄准率降低。但也有学者通过研究得出了不同的结论，Alatas等（2019）研究了精英俘获对印度尼西亚政府福利计划中目标分配的影响。通过随机对照实验数据的证实，村庄负责人及其亲属在获得减贫补贴方面并不具有显著优势。然而，这一总体结果掩盖了不同类型精英之间的明显差异：那些担任正式领导职务的人更有可能获得利益，而非正式领导则不太可能获得利益。虽然精英俘获现象存在，但它所造成的福利损失似乎很小：由于正式精英及其亲属只比非精英富裕9%，最多比非精英获得福利的可能性高8%，最多代表15%的人口，因此，完全取消精英俘获将有助于从这些项目中获得的福利不到百分之一[59]。

进入21世纪以来，国内学者对我国公共转移支付的瞄准情况也进行了实证检验。从宏观上看，马栓友和于红霞（2003）认为，转移支付是政府调节区域经济的重要政策手段，分析了1994年新财税体制改革以后转移支付与地区经济收敛的关系，发现转移支付总体上没有达到缩小地区差距的效果；对转移支付决定的因素进行分析，解释了现行转移支付不能缩小地区差距的原因，最后提出了相关的政策建议[60]。王有捐（2006）在研究中测算了35个大城市的低保瞄准情况，发现应保率为8.13%，但只有3.91%的居民得到了政府的救济，其中还有1.26%的居民收入高于最低保障线，即实际瞄准率仅为67.6%[61]。张恒龙和秦鹏亮（2011）通过对分税制以来中国省际面板数据的计量分析，检验了不同类型的政府间转移支付对省际经济收敛作用的影响。分析结果显示，转移支付从总体上发挥了缩小区域间经济差距的作用，有助于省际经济收敛，具有正的乘数效应，长期看有利于经济增长。其中财力性转移支付和专项转移支付具有显著均等化作用，而且财力性转移支付明显有利于经济增长，而税收返还倾向于扩大地区经济的差距。检验结果与目前转移支付的结构变化趋势是吻合的[62]。樊丽明和解垩（2014）认为，由于公共转移支付在减贫过程中存在多层的代理链条，使得最终下放到基层的贫困群体时出现目标偏离，非贫困人口享用了公共转移支付。另外，我国的公共转移支付采用的是从上到下的名额配给制，这种制度严重影响了对贫困进出的动态监测，致使转移支付的效率下降[63]。都阳和Albert（2007）基于两年的有关城市的微观调查数据，分析了城市贫困救助体系的瞄准情况及其救助效率问题。结果发现，经济体制改革带动了城市贫困救助体系的发展。和其他国家类似救助项目相比较，中国城市救助体系的救助效率较高。研究还发现，受助的家庭和工人在劳动力供给方面有减少趋势[64]。卢现祥和徐俊武（2012）对1995—2006年中国抚恤和社会福利数据分析得出随着公共转移支付的增加贫困率也略有上升，转移支付政策更有利于富人，说明转移支付的瞄准率有待提高[65]。

从公共转移支付的各分项来看，姚建平（2018）在研究中总结出，"应保尽保"在实际操作中是很难实现的，并且在低保瞄准时，除了参考家计调查结果，还应将人口学特征、消费状况、行为道德等因素考虑进来[66]。陈传波和王倩茜（2014）的研究表明，在120个自然村的12 131户家庭的样本中，有6%的困难户，其中得到农村救助的仅有28%，可见在农村救助瞄准方面，有很大的改进空间[67]。朱梦冰和李实（2017）的研究表明，在收入贫困的标准下，农村低保的瞄准率仅为6.92%，而在多维贫困的标准下，农村低保的瞄准率为42.04%，对比而言，在多维贫困标准下农村贫困人口比在收入贫困标准下贫困人口增多，因此，虽然瞄准率有所提高，但是覆盖率仍然较低[68]。何欣和朱可涵（2019）研究发现，农村贫困发生率高达35.75%，得到低保救助的仅有9.24%，整体漏保率30.17%，错保率3.67%，且存在明显的精英俘获现象，虽然2013—2015年国家加大了对低保户的财政支出，但是减贫效果并不明显[69]。宋锦等（2020）同样对低保瞄准情况进行了测度，根据收入指标测度结果得到错保率高达90.51%，漏保率高达18.80%，而经过他研究的模型进行测度后，漏保率和错保率都得到大幅改善[70]。韩华为（2018）分析指出，农村低保瞄准效果不佳的原因有以下几个方面：第一，农村中的管理者对低保瞄准会产生影响，导致精英俘获现象的出现。第二，农村道路交通的好坏也会影响低保的瞄准率，因为交通不便会使得入户调查和评议无法顺利进行。第三，从农村到县域的距离远近对低保的瞄准效果也有影响，路程越短，村庄的开放程度越高，低保的瞄准效果越好。因为距县城较近的村民能够及时获取各方面的信息，使得信息不论是自上而下还是自下而上都能够保持通畅。另外，完善地方和基层的民主监督机制和选举制度，也可以提高低保的瞄准率[71]。苏春红和解垩（2015）根据2011年中国健康与养老追踪调查数据，采用财政流动剖面和矩阵方法对中国农村各种类型的转移支付的减贫效率进行研究，发现五保户补助、低保、特困补助等针对特定人群的转移支付对贫困的瞄准率和减贫效率都较高，溢出效应较小[72]。李丹和刘小川（2014）以214个民族贫困县为考察对象，运用系统GMM方法分析得出地方政府出于政绩考虑，将公共转移支付主要用于教育支出和行政管理上，而在促进经济发展的基础建设上和居民的社会保障上却投入很少，因此公共转移支付并没有起到减少贫困的作用[73]。宋颜群和解垩（2020）利用中国家庭金融调查（CHFS）数据对政府转移支付各个项目的瞄准率进行了测度，其中，五保（67.81%）、低保（56.60%）和特困户补助（49.39%）的瞄准效率相对较高，失业救济、养老金、独生子女奖励金等扶贫特征不明显的项目瞄准效率较低；从农村与城镇的角度来看，农村各项目的瞄准效率均较高[74]。

4.公共转移支付的"挤出"效应分析

国内外学者对公共转移支付的"挤出"效应也进行了研究。Cox等（2004）指出，公共转移支付对代际间或社会慈善组织等的私人转移支付具有"挤出"效应[75]。Maitra和Ray等（2003）利用南非的家庭数据，分析了公共转移支付中的养老金和私人转移支付对受助者行为和福利的影响，结果指出，在贫困家庭中，养老金对私人转移支付有"挤出"效应，这种现象不适用于非贫困家庭，私人转移支付和公共养老金都显著减少了贫困，但私人转移支付对受助者行为和福利的影响更大。研究结果还进一步发现养老金、私人转移支付和流向家庭的其他资源对受助者消费支出的边际影响是不同的[76]。Lal和Sharma（2009）认为，公共转移支付对私人转移支付有"挤出"效应，二者呈负相关。另外，将二者对比分析发现，公共转移支付在增加收入方面的作用更加微弱[77]。卢盛峰和卢洪友（2013）的研究也表明，相比公共服务而言，政府救助资金对私人救助资金有"挤出"效应，每增加1个单位政府救助资金就会将0.39个单位的私人救助资金挤出[78]。毛捷等（2012）指出，在宏观层面中央公共转移支付间接引起地方政府将较多财政资金用于旨在减少贫困的生产建设和公共服务上[79]。郑旭辉等（2015）通过分析认为，"挤出"效应是否存在，以及"挤出"效应的大小，都可以在一定程度上反映新型农村社会养老保险制度在收入分配制度中的效果，同时发现，测度"挤出"效应有助于理解家庭养老中亲子代际支持行为的本质与潜在动机[80]。刘佩和张鑫（2019）利用中国老年健康影响因素跟踪调查（CLHLS）数据分析得出，老年人是否参加社会养老保险，会显著影响老人收到子女代际转移的概率，但转移总额并未改变[81]。韩华为（2020）同样对公共转移支付对亲子代际的影响做了研究，得到与之类似的结论，他认为农村的低保政策对成年子女与老年父母的代际产生了明显的"挤出"效应，反过来父母对子女的代际转移并未产生明显的变化。也就是说，低保政策使子女对父母的经济转移产生了负向激励的作用[82]。徐超和李林木（2017）的研究发现，低保制度会在一定程度上对家庭可获取的私人转移支付产生"挤出"效应，并且会明显降低本应参加劳动的参保人员的劳动意愿[83]。但是，Kang和Sawada等（2009）和解垩（2013）认为，公共转移支付和私人转移支付具有匹配性，二者之间的"挤出"效应并不明显，或者说明个体同时收到了两种转移支付[84-85]。

总结以上研究，我们发现公共转移支付对私人转移支付是否具有"挤出"效应依赖于私人转移支付的发出动机，当私人转移支付以利他动机为前提时，公共转移支付对私人转移支付有"挤出"效应；当私人转移支付以交换动机为前提时，公共转移支付会提高受助者接受私人转移支付的可能性，但从绝对数量上是否对私人转移支付产生影响并不明确；当私人转移支付以利他动机和交换动机同时为前提时，公共转移支付与私人转移支付的关系变得不明确，需要具体问题具体分析。

1.2.2　文献述评

综上所述，不难发现，国内外学者已从公共转移支付的减贫效果、公共转移支付的激励机制、公共转移支付的瞄准情况和公共转移支付的"挤出"效应等多个方面对公共转移支付的减贫效应进行了测度和实证检验，并取得了丰硕的研究成果。但是，这些研究存在一定的局限性。

第一，从研究视角来看，以上文献要么是从供给方的角度来研究公共转移支付的瞄准情况，要么是从公共转移支付对贫困群体收入的影响进而产生激励机制或"挤出"效应等一系列连锁反应的角度进行研究，还很少有学者就公共转移支付对贫困群体及其家庭福利的影响进行深层次的研究，比如，对贫困家庭的消费行为等更为微观、具体的层面所产生的影响。

第二，从研究所依据的理论来看，目前主要依据收入贫困理论利用家庭人均纯收入来确定贫困线。但是诸如家庭财产收入等隐性收入尚没有完全货币化，因此，通过人均纯收入判断贫困，会存在一定的偏差（王增文 等，2012）。判断家庭福利需要挖掘更多维度、更深层次的指标体系。

第三，从研究对象来看，以往研究中公共转移支付减贫的对象主要是收入贫困线以下的贫困群体。就现阶段来看，我国大部分贫困人口的收入已经超过收入贫困线，摆脱了收入贫困。但是由于对未来预期的不确定以及沉重的生活负担使得一部分摆脱收入贫困的群体并没有按照正常的比例进行消费，现实的情况经常是很多收入高于贫困线的人口，其消费支出却远低于贫困线（如图1-1中B区域所示），属于典型的相对贫困，未来有必要将这部分群体纳入公共转移支付减贫的对象中。

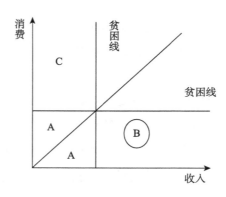

图 1-1　贫困类型示意图

资料来源：李实，KNIGHT J. 中国城市中的三种贫困类型 [J]. 经济研究，2002（10）：47-58.

第四，从研究方法来看，尽管学者们采用了多种方法来测度公共转移支付的减贫效应，但这些方法从本质上都可归结为测度公共转移支付与减贫的相关关系或者协整关系。探索公共转移支付对贫困家庭福利的深层次影响需要在研究方法上有所突破。

1.3　研究目标与思路

1.3.1　研究目标

1. 最终目标

通过对公共转移支付减贫效应的统计测度以及探索提升公共转移支付减贫效应的路径，制定出更有针对性的公共减贫政策来提升相对贫困家庭的可持续发展能力、降低发展的不平衡不充分程度，为新时期我国的反贫困工作建言献策。

2. 阶段性目标

（1）划定相对贫困线

本书基于 Deaton 的消费贫困理论和需求上升规律，通过构建广义线性支出系统（ELES）来划定城乡绝对贫困线，"两不愁三保障"贫困线（2015年中央扶贫工作会议制定的"十三五"脱贫攻坚的扶贫标准）和相对贫困线。

（2）测算城乡家庭的等价尺度

本书基于 Deaton 的消费贫困理论，参考万相昱（2015）基于 Muellbauer 模型的模型模式，根据 Stone-Geary 的家庭消费效用函数，采用扩展线性支出系统（ELES）

对消费进行分类的等价尺度模型[86]，对城乡家庭儿童、成年人和老人的等价尺度进行测算以消除家庭规模经济效应，从而更准确地测度家庭福利水平，筛选出相对贫困家庭。

（3）测度公共转移支付的减贫效应

采用倾向得分匹配（PSM）法在控制协变量（影响公共转移支付政策实施效果的因素，这些因素会导致家庭的逆向选择）的前提下，获得公共转移支付对城乡相对贫困家庭消费支出和消费结构影响的净效应，并且对比分析公共转移支付对城乡相对贫困家庭消费支出和消费结构影响的差异，进而得到公共转移支付城乡减贫效应。

（4）探索提升公共转移支付减贫效应的路径

依据英国国际发展部提出的人类可持续生计资本中的金融资本、人力资本和社会资本对公共转移支付减少城乡家庭相对贫困的影响做出政策设计和研究假设。分别从这三类资本中选取代理变量采用调节效应分析方法将代理变量加入公共转移支付减少城乡相对贫困家庭的路径中，形成与公共转移支付配套的一系列政策组合工具来探索提升公共转移支付减贫效应的路径。

1.3.2 研究思路

首先对公共转移支付减贫的相关理论及文献进行归纳总结，提出 Deaton 的消费贫困理论。然后在明确各项收入和消费统计口径的前提下，用扩展线性支出系统中的基本消费需求分别划定城乡的绝对贫困线、"两不愁三保障"贫困线（2015年中央扶贫工作会议制定的"十三五"脱贫攻坚的扶贫标准）以及相对贫困线。测算出不同年度城乡儿童、成人和老人的等价尺度，用测算出的等价尺度对城乡家庭人均纯收入进行调整，然后用等值收入与城乡相对贫困线对比，筛选出相对贫困家庭。再将公共转移支付纳入带有贫困家庭特征变量的相对贫困分析框架中，运用倾向得分匹配（PSM）法考察公共转移支付对城乡相对贫困家庭消费支出和消费结构影响的净效应，从而得到公共转移支付对城乡相对贫困家庭的减贫效应。进一步通过调节效应分析方法，探索提升公共转移支付减贫效应的路径，最后对前述的理论和实证结果进行总结并提出政策建议，为2020年后我国公共转移支付反贫困的顶层设计提供参考依据，技术路线如图1-2所示。

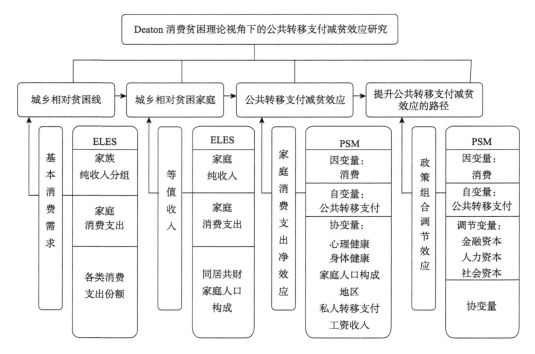

图 1-2　技术路线图

1.4　研究内容与方法

1.4.1　研究内容

1.导论

主要包括选题背景和研究意义、文献综述、研究内容、研究思路、研究方法以及技术路线图，并在章节的最后对本书可能的创新点以及不足进行总结。

2.公共转移支付的概念及其减贫机制分析

分别对公共支出和贫困的概念、分类、作用以及相关理论进行介绍，进而引出Deaton的消费贫困理论和公共转移支付减贫的作用机制，为下面章节的数据模型分析奠定良好的理论基础。

3.消费视角下我国相对贫困线的统计测度

鉴于我国目前城乡二元结构明显、城乡收入差距较大，所以考虑分城乡划定贫困线。扩展线性支出系统中的基本消费需求并不是一成不变的，它能自动与社会整体收入或消费水平挂钩而"水涨船高"，具有自动调整的机制，所以用其作为相对贫困线，符合经济学原理，但要求收入分布的离散程度较高。显然，这符合我国目前贫富差距较大的特点。另外，用基本消费需求确定贫困线的方法比较灵活，不仅可以制定全国贫困线，也可以制定各地区贫困线。为了与已有研究进行对比以及进行我国相对贫困程度的纵向对比分析，本书基于CFPS数据采用扩展线性支出系统分别划定2016年和2018年城乡绝对贫困线、"两不愁三保障"贫困线（2015年中央扶贫工作会议制定的"十三五"脱贫攻坚的扶贫标准）以及相对贫困线。

4.消费视角下我国相对贫困线的统计测度——基于家庭等价尺度

在实际研究时，人们往往使用家庭人均纯收入来衡量家庭福利水平，进而确定贫困线，这可能导致贫困程度被高估。因为当家庭成员有多位时，他们会在一定程度上共享资源，在家庭福利层面便产生了规模经济的问题，需要以家庭人口统计属性和消费水平为基础建立家庭成员实际福利水平的判断基准，将家庭成员的收入转化到与其福利水平相当的量值上来，这称为等值收入。本书考虑中国家庭人口结构和消费模式与西方的差异以及中国人口老龄化日趋严重，参考了万相昱（2015）基于Muellbauer模型的模式，根据Stone-Geary的家庭消费效用函数，采用扩展线性支出系统对消费进行分类的等价尺度模型，对城乡家庭儿童、成年人和老人的等价尺度进行测算以消除家庭规模经济效应，从而更准确地测度家庭福利水平，再依据相对贫困线筛选出城乡相对贫困家庭（具体参见表1–1）。这就确保了接下来我国公共转移支付减贫效应统计测度的准确性。

5.我国公共转移支付减贫效应的统计测度

以2018年城乡相对贫困家庭为样本，选取城乡相对贫困家庭消费支出和消费结构作为结果变量，选取是否接受政府补助（公共转移支付）为处理变量，采用倾向得分匹配（PSM）法在控制协变量（影响公共转移支付政策实施效果的因素，这些因素会导致家庭的逆向选择）的前提下，获得公共转移支付对城乡相对贫困家庭消费支出和消费结构影响的净效应，并且对比分析公共转移支付对城乡相对贫困家庭消费支出和消费结构影响的差异，进而得到公共转移支付对城乡相对贫困家庭的减贫效应。

6.提升我国公共转移支付减贫效应的路径分析

依然以2018年城乡相对贫困家庭为样本，依据英国国际发展部提出的人类可持续生计资本中的金融资本、人力资本和社会资本对公共转移支付减少城乡家庭相对贫困的影响做出政策设计和研究假设。分别从这三类资本中选取代理变量，其中，金融资本的代理变量为商业保险和养老保险，人力资本的代理变量为培训，社会资本的代理变量为对本县级行政区政府是否信任，采用调节效应分析方法将代理变量加入公共转移支付减少城乡家庭相对贫困的路径中，再运用倾向得分匹配（PSM）法估计每一个代理变量和公共转移支付交互后对公共转移支付减少城乡家庭相对贫困的调节效应以及各代理变量与公共转移支付的交互项组合以后的调节效应，以此来探索提升公共转移支付减贫效应的路径。

7.研究结论与政策建议

结合前期相关研究成果，本书将重点考察的贫困家庭福利影响因素和所选指标，如表1-1所示。

表1-1 贫困家庭福利的影响因素

影响因素	文献来源	主张见解	本研究观点及所选指标
家庭规模经济	Deaton 等（1986）[87]	孩子的生活成本≈人均成人支出的30%～40%	万相昱（2015）基于Muellbauer模型的模式，采用Stone-Geary的家庭消费效用函数，根据扩展线性支出系统对消费进行分类的等价尺度模型不但能测算儿童的等价尺度，还能测算老人的等价尺度
	Hagenaars 等（1994）[88]	OECD标准：第一成人权重为1，第一成人以外的其他成人权重为0.5，儿童（小于15岁）的权重为0.3	
	Mcclements 等（1977）[89]	McClements标准：对家庭成员年龄进行细分并赋予不同的权重	
家庭成员健康情况	高艳云和王曦璟（2016）[90]	营养不良标准：70岁以下成人的BMI指数小于18.5或儿童体重的Z值小于负的两倍标准差	1.身体健康：家庭成员的健康状况；家庭成员身体处在亚健康以下状态。2.心理健康：①情绪低落；②悲伤难过；③生活无法继续。如果一个人在一周中至少有三天感到情绪低落、难过悲伤或者生活无法继续，就被视为心理疾病患者
	田勇等（2019）[47]	0=不健康，1=健康	
家庭可持续生计资本	英国国际发展部（1999）[91]	金融资本	各资本的代理变量：1.金融资本：商业保险、养老保险；2.人力资本：培训；3.社会资本：对本县级行政区政府是否信任（制度信任）；4.物质资本和自然资本（略）
		人力资本	
		社会资本	
		物质资本	
		自然资本	

注：本书所选指标皆从中国家庭追踪调查（CFPS）数据中获取。

1.4.2 研究方法

1.规范分析与实证分析相结合

规范分析是在实证结果的基础上，基于相对贫困家庭立场提出提升公共转移支付减贫效应的政策建议；使用扩展线性支出系统确定城乡相对贫困线、测算城乡居民家庭的等价尺度以及运用倾向得分匹配（PSM）法测度公共转移支付的减贫效应、使用调节效应探索提升公共转移支付减贫效应的路径则是基于统计指标、计量经济学等方法，属于实证分析。

2.定性分析与定量分析相结合

定性分析包括对公共支出相关理论和概念以及贫困相关理论和概念的解读、对居民收入、消费口径的确定、家庭特征变量的选取和划分等；定量分析则包括对各类贫困线的划定、等价尺度的测算、公共转移支付减贫效应的测度以及提升公共转移支付减贫效应的路径分析等。

3.比较分析与归纳分析相结合

在理论和实证分析的基础上，总结我国公共转移支付对城乡相对贫困家庭的减贫效应；同时通过与国内外相关研究的比较进一步阐明基于相对贫困家庭消费研究公共转移支付减贫效应的特点，是谓归纳比较分析。

1.5 可能的创新点与不足

1.5.1 可能的创新点

1.研究视角的独特性

本书基于2015年诺贝尔经济学奖获得者Deaton的消费贫困理论，从相对贫困家庭消费的视角并且考虑家庭规模经济等因素对我国相对贫困线进行了测度，而后对公共转移支付的减贫效应进行了分析。将公共转移支付纳入消费分析框架中来测度相对贫困家庭福利的变化打破了以往测度贫困线、研究公共转移支付减贫效应皆基于收入视角的模式。通常来说，人们福利水平的高低主要体现在对各类商品和服务的购买能力上，因此，消费是比收入度量个体及其家庭福利更合适的指标（Blundell，2008）[92]。另外，就贫困群体而言，从市场性工作所得报酬要远少于非贫困群体，贫困群体的消费比例中非常重要的一部分来源于诸如公共转移支付之类的非市场渠道，所以消费数据比收入数据更具启发性，更能反映贫困家庭的真实福利水平。

2.统计测度的全面性

本书分别划定了2016年和2018年城乡绝对贫困线、"两不愁三保障"贫困线（2015年中央扶贫工作会议制定的"十三五"脱贫攻坚的扶贫标准）以及相对贫困线，这样不但保证了统计测度的全面性，还能与现有绝对贫困标准形成对比，检测本书划定贫困线使用方法的合理性和适用性，为后续公共转移支付的减贫效应分析打下良好的基础。

目前大多学者利用模型估算不同结构和规模家庭各成员的等价尺度时主要是针对成人和儿童。而利用等价尺度调整家庭收入，测度贫困线或贫困发生率时都是基于一国或者一个地区。本书考虑到我国家庭生活方式和年龄结构与西方的差异以及我国老龄化日益严重，进一步计算了老年人口的等价尺度。另外，鉴于城镇贫困和农村贫困的成因、程度都有很大的不同，本书分别测算了城镇和农村家庭的等价尺度。

3.研究工具的灵敏性

从消费的视角看，基于可持续发展框架，引入调节效应分析，从金融资本、人力资本和社会资本三个模块选取代理变量，并分别与公共转移支付形成交互效应，来探讨如何通过各种政策工具组合提升公共转移支付减少城乡家庭相对贫困，不但丰富、深化了公共转移支付、金融资本、人力资本和社会资本对城乡相对贫困家庭消费的作用机制研究，还发掘了提升公共转移支付减少城乡家庭相对贫困的最优政策组合。

1.5.2 存在的不足

1.数据选取有待深入

由于本书所选取的指标在 CFPS 历年数据调查中存在差异，因此，在公共转移支付减贫效应分析时仅就 2018 年的数据做了截面分析。事实上，随着时间的推移，贫困受各种因素的影响会发生变化，追踪不同时期相对贫困家庭的动态能够帮助我们更加准确地理解公共转移支付减贫的作用机制。在后续研究中可以选取面板数据进行更加深入的分析。

2.理论研究有待创新

本书在理论创新上稍显不足。尽管如此，本书也在可能的范围内寻找、探索公共转移支付、金融资本、人力资本和社会资本对家庭消费的影响进而对减贫的作用机制，加深对已有相关理论的理解。理论创新需要深厚的学术功底，是笔者今后奋斗的方向。

2 公共转移支付的概念及其减贫机制分析

2.1 公共支出的概念和相关理论

2.1.1 公共支出的概念、分类及作用

1.公共支出的概念和分类

公共支出是政府向社会提供的公共产品与公共服务的总和。国际货币基金组织根据公共支出的职能，将公共支出划分为生产性支出、社会性支出、政府一般性支出以及其他支出。其中，社会性支出是指对社会提供教育文化、医疗和社会保障转移支付的公共支出，社会性支出相比其他公共支出更加关注社会的平等，具有较强的收入再分配功能。根据公共支出对象的性质可将其划分为资本性支出和经常性支出两类，资本性支出包括一些基础设施建设的支出；经常性支出包括社会保障、养老金、补贴和其他转移性支付等。陈共（1998）以是否为等价交换为标准，将公共支出划分为购买性支出和转移性支出，转移性支出进一步可划分为政府补助和社会保险[93]。本书所研究的公共转移支付即转移性支出，鉴于公共转移支付是本书研究的主要内容，故将其概念、分类、作用及相关理论在下文重点介绍。

2.公共支出的作用

由上文可知，公共转移支付是公共支出非常重要的组成部分，要想了解公共转移支付，首先要学习公共支出的相关理论。公共支出是政府对财政收入分配的活动，公共支出是政府对居民经济生活干预的重要表现，公共支出对宏观经济正常运行、市场资源配置都起到了重要的作用。作为一种政策性工具，公共支出反映了政府的职能和政策的选择，公共支出的作用主要体现在以下几个方面。

（1）调节市场失灵，保证资源的配置效率

在完全自由竞争的市场，提倡由市场实现资源的配置，然而受各种因素的影响，市场无法实现完全自由竞争，因此造成了市场资源配置的失灵，这时就需要政府通过公共支出等政策工具对市场进行干预以调节市场资源配置，熨平经济周期波动。

（2）满足社会成员的需求，保证经济社会的可持续发展

公共支出的来源是政府的税收，政府将税收以再分配的形式投入社会生活的各

个领域，其中一些作为购买性支出用于公共物品和公共服务的购买和建设，满足社会成员日常对健康医疗、教育等基础设施的需求；一些则以公共转移支付的形式将收入从高收入群体转移到低收入和贫困群体手中，满足了低收入和贫困群体维持正常生活水平的需要，促进了低收入和贫困群体的可持续发展。

（3）缩小收入差距，缓解贫困，促进社会公平

经济学家缪尔达尔认为，公共支出中的转移性支出，即公共转移支付是缩小收入差距，缓解贫困，推动社会平等，促进社会公平的有效工具。从收入分配的角度来看，公共转移支付政策相比税收政策更加有效，对高收入群体征税只是减少了他们的收入，但是公共转移支付直接将收入从高收入群体转移到低收入和贫困群体手中，实现了一边减、一边增的效果。

（4）实现社会福利最大化

在福利经济学中，社会中存在贫困群体意味着没有实现社会福利最大化，而资源最优配置和收入分配均等化可以实现社会福利最大化。政府据此可以通过公共转移支付等公共支出，在不增加国民收入总量的前提下增加社会福利。另外，由于存在边际效应递减规律，高收入群体因收入减少所失去的边际效用要低于低收入和贫困群体因增加等量收入所带来的边际效用。因此，可以实现帕累托改进，使社会福利达到最大化，并能有效地减少贫困群体。

2.1.2　公共转移支付的概念、特征和分类

由上文可知，当以是否为等价交换为分类标准时，公共支出可划分为购买性支出和转移性支出，转移性支出即本书所研究的公共转移支付。

1.公共转移支付的概念

公共转移支付是一国政府为了实现其特定的经济、政治等目标，通过一定的方法，将处于社会中的一部分资源无偿地从一个或者多个群体中转移到另外一个或者多个群体中[1]。

广义上的公共转移支付包括政府对家庭和个人的转移支付、政府对企业的转移支付以及各级政府之间相互的财政转移支付三个方面。

公共转移支付的概念包含了以下几个要点：一是无偿性；二是对象既包括政府、企业也包括家庭及个人；三是不仅包括货币形式的转移支付，还包括商品服务

---

[1] 赵兴军.财政转移支付制度研究第一版.[M].北京：九州出版社，2018.

以及其他实物形式的转移支付。

本书只研究面向家庭和个人的公共转移支付。

2.公共转移支付的特征

公共转移支付具有三个特征。一是公共转移支付具有社会公益性特征，由公共转移支付的概念可知，公共转移支付是政府将部分资源无偿地转移给他人，是非营利性的、非等价交换。二是公共转移支付具有法定性特征，作为财政制度的一部分，公共转移支付在实施过程中是有法可依，有法可循的。三是公共转移支付具有平等性特征，人类在社会中应该具有同等的地位，拥有同等的资格、发展机会和待遇，享有平等的权利和义务。公共转移支付就是弥补市场在资源配置时造成的不公平、不平等，具有天然的平等性特征。这一点恰好与相对贫困的内涵相反，二者形成对立之势。关键是我们怎样合理地运用公共转移支付这一武器去对抗相对贫困，发挥其最大的作用，这也这一章要解决的问题。

3.公共转移支付的分类

由于本书只研究政府对家庭和个人的公共转移支付，故政府对企业的转移支付以及各级政府之间相互的财政转移支付的分类不予介绍。

现阶段，面向家庭和个人的公共转移支付分为政府补贴和社会保险，依照福利性质、保障性质和减贫性质又进一步分成各个小类，如表2-1所示。

2-1 面向家庭和个人的公共转移支付分类

公共转移支付	政府补贴	全福利性质、保障性、减贫性质	低保、五保户补助、特困户补助、工伤人员供养直系亲属抚恤金、救济金、赈灾款（包括实物形式）等
		全福利性质、保障性、具有减贫功能	退耕还林补贴、农业补贴（包括粮食直补、农机补贴）等
	社会保险	半福利性质、保障性、减贫性质	城乡居民养老保险、医疗保险和失业保险等

2.2 贫困的概念和相关理论

2.2.1 贫困的内涵、分类及测度

1.贫困的内涵

贫困问题由来已久，事关民生大计，国内外有许多专家学者从不同的视角定义了贫困，形成了丰富多彩的贫困概念。

1901年Rowntree在 *Poverty：A Study of Town Life* 一书中将贫困定义为收入不足以维持生存的最低需要。Rowntree有关贫困的定义及其对贫困的测度一直被各国在衡量贫困时所参考，沿用至今[94]。随后还有许多学者对贫困下了定义，英国学者Townsend（1979）认为，如果一个人不能按照大众所认可和接受的生活状态去生活，那么这个人就处于贫困状态[95]。世界银行在1983年《世界发展报告》中也提出了类似的观点，强调了贫困是人类的社会需求和权利与机会的不平等[96]。比较有代表性的就是Sen（1981）提出的"能力贫困"概念，他在 *Poverty and famines：an essay on entitlement and deprivation* 一书中提出，贫困者与非贫困者的区别不仅是收入的不平等，更多的是创造收入的能力和机会不平等[97]。

我国的学者将国外学者的观点与我国的实际情况相结合，提出了有关贫困的定义。国家统计局（1990）将贫困界定为社会成员的生活水平未达到社会认可的最低生活标准的一种生存状态[98]。胡代光和高鸿业（1996）认为，所获收入无法满足对生存必需品的支付即为贫困[99]。陆小华（2000）认为，贫困是指与社会平均水平相比，一部分特定人群生存所需的物质保障、技术支持和思想意识引导等都处于匮乏的一种生存状态[100]。童星和林闽钢（2001）认为，在解决温饱的前提下，生活水平低于社会公认的标准，而且缺乏发展能力或者发展能力弱则属于贫困[101]。汤舸（2017）认为，贫困不但是特定群体因未达到社会平均生活水平而遭到排斥，而且是与他人相比感到相对剥夺的一种心理状态[102]。谭诗斌（2018）认为，贫困是个人或者家庭所占有的资源和生活水平都低于社会共同体的平均水平[103]。

综上所述，国内外学者及相关组织都基于各自的观点和理念对贫困的内涵做出了阐释。我们发现，随着时间的推移，学者们对贫困内涵的理解也在不断发展和变化。这是因为随着经济发展和社会进步，人的基本需要是不断发展变化的，贫困所涉及的范畴从最初的温饱问题上升到了机会和地位不平等问题。因此，在研究公共转移支付减贫效应时首先要深刻认识到我国正处于贫困治理的哪个阶段，这样才能

有的放矢，制定出符合当下贫困治理的公共转移支付政策。

2.贫困的分类

上文提到，随着经济发展和社会进步，人们对贫困内涵的理解发生了巨大的变化，因此也就产生了对于贫困的分类。从目前学术研究和大众普遍的认知来看，贫困被划分为绝对贫困和相对贫困。上文中Rowntree（1901）、国家统计局（1990）以及胡代光和高鸿业（1996）所提出的就是有关绝对贫困的概念，而Townsend（1979）、Sen（1981）、陆小华（2000）以及童星和林闽钢（2001）等提出的则是有关相对贫困的概念。由此可知，绝对贫困只涉及温饱问题，而相对贫困则在满足温饱的前提下，涉及人类可持续发展的问题。有关相对贫困的内涵、特征和测度以及如何缓解相对贫困是本书重点要研究的内容，本书将在第3、第4、第5和第6章进行详细的说明。

另外，有学者还将贫困划分为持久性贫困、暂时性贫困和选择性贫困。持久性贫困是指人们的收入和消费都低于贫困线的一种生存状态。暂时性贫困是指收入比贫困线低，消费却高于贫困线的生存状态。这些人的消费之所以高于收入是因为利用借贷和以往的储蓄来消费。选择性贫困是指人们因为家庭有负担或者对未来不确定，虽然收入已经高出了贫困线，但是消费仍然低于贫困线的一种生存状态。

3.贫困的测度

目前学界对贫困的测度主要是对绝对贫困线、相对贫困线和主观贫困线的测度。

绝对贫困线的测度最早出现在1901年Rowntree的研究中，Rowntree测算了英国约克市几种不同规模的家庭维持最低生活标准所需的开支，并以此作为衡量家庭是否处于贫困的标准。后来出现的各种有关绝对贫困线的测度方法都是基于Rowntree的研究而得出的。对于绝对贫困线，目前主要的测度方法有"菜篮子"标准预算法、恩格尔系数法、马丁法和实证分析法，具体参见表2-2。

表2-2 绝对贫困线的测度方法

类型	指标含义	指标作用	举例
"菜篮子"标准预算法	也叫"预算标准法"，是包括基本食物和非基本食物在内的满足人的最低生活标准的组合	简单、易理解，既可制定绝对贫困线也可制定相对贫困线，取决于由谁制定贫困线以及如何制定贫困线	"可接受的最低生活成本法"是根据人的最低基本需求来测算绝对贫困线

类型	指标含义	指标作用	举例
恩格尔系数法	首先计算出恩格尔系数，根据实际情况再计算出饮食支出，用饮食支出除以恩格尔系数得到的数值便是贫困线	计算明确，简便易行，考虑了地区差异	国际粮农组织将恩格尔系数达到50%～60%的状态定义为贫困
马丁法	假定满足最低需求的食物贫困线已确定。分别计算出生活总支出等于食物贫困线的食物支出比例系数对食物消费支出等于食物贫困线的食物支出比例系数，然后分别与食物贫困线相加便得到一高一低两条贫困线	计算简便易行，有一高一低两条贫困线，更能有效地帮助政策制定者确定贫困人口	中国国家统计局计算贫困线采用的是马丁法
实证分析法	采用实证的方法通过对居民收入—消费支出截面分布的客观描述与测算确定绝对贫困线	是一种客观存在的、社会自然而然形成的自然贫困线。既可制定绝对贫困线也可制定相对贫困线	扩展线性支出系统法

本书将在第3章对相对贫困线的测度方法进行详细讲解。

主观贫困线采用设计问卷直接调查的形式，对被调查者的收入和福利状况进行询问，考察其对自身生活状况的评价，即由被调查者本人来确定自己是否贫困。然后将收集到的个人收入数据排序后建立模型来估计社会贫困线。

2.2.2　贫困的相关理论

1.人口贫困理论

马尔萨斯认为，贫困产生的根源在于人口增长的速度呈几何级数增长，而生活必需品增长的速度呈算术级数增长，因此，人口增长的速度要远远快于生活必需品增长的速度，长此以往，就会导致市场出现供不应求，生活必需品的价格必然会上涨；另外，人口的快速增长会导致劳动力市场供大于求，劳动力的价格必然会下降，从而导致收入降低。因此，在这两方面的作用下，贫困程度就会加深。

2.制度贫困理论

马克思认为，贫困产生的根源在于资本主义制度，在资本主义制度下，资产阶级为了最大限度地获取剩余价值，无视无产阶级的生存与发展，尽可能地延长工人的劳动时间，榨取他们的剩余价值。然后把获取的剩余价值转化为资本用于扩大再生产，扩大再生产的同时，生产的机械化程度越来越高，因此会产生剩余劳动力，导致工人失业，失去经济来源，陷入贫困。总而言之，资本主义制度是造成失业和贫困的最大原因。只要存在生产资料私有制就会在生产、分配、交换过程中出现不均，从而导致贫富差距。只有人类社会的生产力发展到一定高度才能消除贫困，因而，贫困具有长期性。

3. 贫困的恶性循环理论

Narkse（1966）认为，发展中国家的长期贫困根源于经济间的相互联系、相互作用形成的恶性循环。在资本的供给侧由于收入低导致了储蓄量少，由储蓄量少导致了资本存量少，由资本存量少导致了生产规模无法扩大，生产效率无法提高，因此就造成了低产出，低产出又会导致低收入。在资本的需求侧由于收入低导致购买能力弱，由购买能力弱导致了投资动力不足，由投资动力不足导致低的资本投入，低资本投入导致生产规模无法扩大，生产效率无法提高，因此再次造成了低产出，低产出最终导致低收入。纳克斯强调了储蓄和资本对一国经济发展的重要性，如果想摆脱这种恶性循环就要大力发展经济以形成新的资本，进而扩大投资规模摆脱贫困[104]。

4. 低水平收入均衡陷阱理论

Nelson（1956）基于马尔萨斯的人口贫困理论提出了低水平收入均衡陷阱理论。他认为，发展中国家的收入处在仅能维持生存需要的一种均衡状态，一旦收入低于这种均衡状态的临界值，人口增长率就会超过收入的增长率，拉回到仅能维持生存需要的均衡状态中，因此，在最低收入增长率和人口增长率之间存在一个"低水平收入均衡陷阱"，有了这个陷阱，任何超过最低收入水平的经济增长都会被人口增长所抵消。这种机制循环往复，非常稳定，除非政府给予大量的投资，让投资带来的经济增长超过人口增长，才能跳出"低水平收入均衡陷阱"[105]。

5. 贫困文化理论

奥斯卡·刘易斯（2014）认为，贫困产生的根源在于"贫困文化"，贫困者因为经济等原因大多住在一个区域，这就造成了他们的社交圈子仅限于贫困者之间，长此以往，就会与社会其他群体相隔开来，形成贫困者自己的文化，许多学者将其称为"亚文化"，这种"亚文化"具有代际传递性，贫困者的后代们在这种文化的熏陶下就会产生贫困宿命论，因此很难从贫困中摆脱出来[106]。

6. Sen 的贫困理论

Sen（1981）通过长期研究发现，能力的缺失是贫困者长期贫困的根源，对于贫困者来说，不仅是表面上收入低下那么简单，造成收入低下的根本原因在于贫困者创造收入的能力和机会被剥夺。据此，Sen 提出通过良好的教育和医疗条件可以增加贫困者的人力资本，提高贫困者的能力以获取高收入，从而摆脱贫困。也就是说，通过重建贫困者自身的能力来摆脱贫困。Sen 的贫困理论打破了以往仅用收入来定义贫困的局限，将政治、经济、文化权利的缺失、发言权的丧失以及被社会排斥等纳入贫困的分析框架中。Sen 的贫困理论是人类社会不断进步和发展的产物，是对贫困理论的进一步升华[95]。

7. Deaton 的消费贫困理论

2015 年诺贝尔经济学奖获得者 Angus Deaton（以下简称 Deaton）于 1980 年率先使用家庭微观调查数据中的消费数据来测度家庭福利并提出了消费贫困理论[107]。Deaton 认为，就贫困群体而言，家庭消费数据相比家庭收入数据更具启发性，这是因为与非贫困家庭相比，市场性工作对贫困家庭的影响更小，因为，贫困家庭从市场性工作所得报酬要远少于非贫困家庭，贫困家庭的消费比例中有非常重要的一部分来源于诸如公共转移支付之类的非市场渠道，所以从收入端测度家庭福利可能不够准确。

Deaton 的消费贫困理论主要包括三个核心内容：首先，研究经济运行过程中总消费量的决定问题；其次，将家庭消费数据加入需求系统进行量化分析，考察家庭对不同消费品的预算决策进而测度福利水平；最后，运用家庭微观调查数据，基于微观视角研究家庭的消费贫困。Deaton 的消费贫困理论对减少贫困、增进民生福祉，具有以下启示作用。

（1）消费贫困视角下减贫政策的制定要考虑多重影响因素

第一，家庭规模经济。当家庭不止有一位成员时，家庭成员会在一定程度上共享资源，由此在家庭福利层面便产生了规模经济的问题，需要以家庭人口统计属性和消费水平为基础建立家庭成员实际福利水平的判断基准，进而将家庭成员的收入转化到与其福利水平相当的量值上来，这称为等价收入。但在实际的研究过程中，过去往往使用家庭纯收入或人均纯收入来衡量家庭福利水平，进而确定贫困线，这可能导致贫困程度被高估。

第二，家庭成员健康状况。健康是影响人们收入和消费的重要因素，在衡量民生福祉时也是必不可少的要素。在 Deaton 看来，家庭成员是否患病对家庭的福利有重要的影响，因此在测度家庭福利以及制定减贫政策时要重点考虑家庭是否有患病成员。

（2）消费贫困视角下减贫政策的制定要考虑个体的消费偏好

根据以往的认知，消费和收入存在着正向的相关关系，但随着经济形势的变化，人们的超前消费意识越来越强，借贷型消费的特征日益显著，消费的波动应该比收入更大，但现实却是消费的波动比收入小，这种现象被称为"Deaton悖论"。消费贫困的理性分析恰好能帮助我们解释"Deaton悖论"。在Deaton看来，随着时代的发展，消费者的消费行为正走向个性化和多元化，但是以往的研究往往忽视个体消费偏好，假定所有消费者的行为都是一样的，这种思维，以及据此以统一的标准确定贫困线的方法，已经难以解释当今新型的消费方式。在具体的研究中，我们不但要考察消费的整体性，而且要将注意力转向个体的消费行为。

（3）消费贫困视角下减贫政策的制定要考虑消费质的标准

在Deaton看来，考察贫困家庭消费量的多少，仅能得出贫困与食物有很强相关性的结论，而从贫困家庭消费的质上考虑，不但能考察贫困家庭食物是否充足，还能分析贫困家庭消费结构和消费倾向是否合理、消费偏好是否易受外界影响等。这表明，消费贫困视角下的贫困测度已由单一的量的标准转变为多维的质的标准。

Deaton的消费贫困理论对我国新时期经济发展和相对贫困治理工作都具有良好的启示作用。一方面，运用家庭微观调查数据分析我国城乡家庭消费的差异，合理引导城乡居民消费行为，使消费结构趋于合理化；另一方面，利用家庭微观调查数据构建模型，评估我国各项扶贫政策的有效性，掌握其机制原理，有助于政府及时调整各项政策，使政策效应最大化。

2.3 公共转移支付减贫的内在机制

2.3.1 公共转移支付旨在提升分配的公正性

以伯格森-萨缪尔森为代表的主流公共理论认为，公共转移支付是在社会福利最大化的人际公平条件下，促进最终结果的公平或分配的公正。伯格森-萨缪尔森的社会福利函数为此提供了理论基础，他认为，福利的最优分配发生在所有人收入的社会边际效用相等的时候，即社会必须达到边界上的最优点，也就是极乐点[①]，来满足最终公平和分配公正。如果初始状态不是最优的，那么政府应该采用一次性总付的课税或者转移支付，直到每个人收入的社会边际效用都相等。主流公共理论认

---

①极乐点：在效用可能边界上可以达到的U2和U1的所有有效组合中分配的最优的点。

为，无论实物还是现金形式的转移支付都是一样的，因为它们最终的目标都是要实现个体之间收入的社会边际效用相等。但是，实物转移支付最好是以分权化的方式来运作，这样可以减少政府对经济的干预，而现金转移支付则一定要由政府提供，也就是说是集权化的。

主流公共理论将公共转移支付看作一个非输即赢的问题，人们在面对政府的政策时，会考虑利他主义以及社会福利最大化条件下分配的公正性，因此，自愿缴税，实现收入的再分配。

2.3.2　公共转移支付旨在实现帕累托最优再分配

以詹姆斯·M.布坎南为代表的经济学家认为，主流公共理论有两个方面的缺陷：一是人们在面对个人经济事务时是利己的，而考虑政府政策时又是利他的。事实上，人们无论是对待个人经济事务还是政府政策都不会改变利己的秉性。二是主流公共理论缺乏政治内涵。布坎南认为，政府的经济理论如果是有实际用途的，就必须有它本身的政治基础。布坎南在公共选择理论中借鉴了经济学家威克塞尔的思想，在一人一票的完全民主制中采用一致同意原则来通过所有的政府政策，全体一致同意则符合帕累托最优。

一旦达到帕累托最优再分配，就意味着转移支付提升了效率，并将经济带到它的效用可能性边界。如果富人对穷人是利他主义的，就会出现这种再分配，这时富人的效用取决于穷人的某些特性，公共转移支付的形式取决于穷人的哪些方面给富人带来了困扰。如果他们关心穷人整体的福利状况，则公共转移支付应该用现金来实现，并且必须是集权的。如果他们认为穷人是缺乏某种特殊的商品，比如缺乏足够的食物，那么公共转移支付应该采取补贴的形式，这种补贴是一种标准的庇古补贴①。这种情况下，提供这些商品的转移支付可以被分权化。

公共选择理论将公共转移支付看作一个双赢的问题，人们在面对政府的政策时在利己主义的基础上考虑利他主义从而实现帕累托最优，因此，自愿缴税，实现收入的再分配。

由上文可知，学者们对公共转移支付减贫的内在机制持有两类观点，一类是公共转移支付通过提升分配的公正性进而实现减贫；另一类是公共转移支付通过帕累托最优再分配进而实现减贫。那么公共转移支付的减贫效果如何呢？本书将基于

---

①庇古补贴：等于社会最优时的总体边际利益，庇古补贴是应对总体外部经济的最好的政策。

Deaton的消费贫困理论从消费端考察公共转移支付的减贫效果，这也是本书研究的重点内容，在进入研究以前，我们先来讨论一下公共转移支付对城乡居民消费的作用机制。

2.4 公共转移支付对居民消费的作用机制

2.4.1 早期经典消费理论中有关公共转移支付与消费

公共转移支付作为一种收入必然会对居民消费产生影响，早期经典的消费理论——绝对收入假说、相对收入假说、生命周期假说、持久收入假说、预防性储蓄理论以及流动性约束理论皆对公共转移支付与居民消费的关系做了阐述。

1936年，英国著名经济学家凯恩斯基于绝对收入假说提出了短期消费函数，其运用边际消费倾向递减规律阐释了政府可以通过公共转移支付等社会保障手段，将收入从边际消费倾向低的富人手中转移到边际消费倾向高的穷人手中，从而从整体上提高社会消费水平的观点。凯恩斯在绝对收入假说中仅考虑了现期收入以及现期预算约束的效用最大化，并没有考虑消费者未来预期收入对其现期消费行为的影响。基于此，1949年，美国著名经济学家杜森贝利提出了相对收入假说，他认为除现期收入会影响消费者的消费行为外，消费者与其周边其他消费者的相对收入也会影响消费者的消费行为。受"示范效应"的影响，当消费者周边其他消费者的收入和消费增加时，即使消费者的收入没变，他也会相应地增加消费。也就是说，消费者的消费行为与其他消费者的消费行为是相互关联的，因此，收入分配会直接或者间接影响到消费者的消费行为。另外，受"棘轮效应"的影响，消费者并不会因为其收入降低而减少消费，而是减少储蓄并根据以往的消费习惯继续维持以往的消费水平。尽管杜森贝利对绝对收入假说做出了必要的修正，但相对收入假说的宗旨依然是实现现时预算约束下的效用最大化。

1954年莫迪利安尼提出的生命周期假说和1957年弗里德曼提出的持久收入假说几乎同时发展起来。它们是对以往消费理论的拓展，对经济学的发展产生了重要的影响，二者在本质上是一致的，认为消费者都是理性的，对其一生的消费和储蓄都进行了安排与规划，以实现效用最大化。但是二者的侧重点又有所不同，持久收入假说认为生命是无限期的，而生命周期假说则认为生命是有限期的；持久收入假说认为居民之所以储蓄是因为有代际间的遗赠动机，而生命周期假说则认为居民要终其一生花费其所有收入，不存在遗赠动机，之所以存在储蓄，是为了平滑其整个生命期的消费。两种假说中均涉及公共转移支付等社会保障与消费的关系，生命周期假说认为，消费者通过借贷和储蓄来平滑整个生命期的消费，包括公共转移支付在内的社会保障体系越完善，居民就越愿意减少储蓄，增加现期消费，边际消费倾向也就越高。持久收入假说则认为，暂时性收入对消费并不会产生影响，只有永久收入才会对消费产生影响，养老金等公共转移支付可以视作永久收入。另外，当公共转移支付作为一种收入从高收入者转移到低收入者手中时，高收入者的遗赠储蓄自然会减少，而低收入者因为获得收入减少了预防性储蓄，整个社会的平均储蓄倾向降低，促进了消费。持久收入假说提出，为了不扰乱市场自由竞争的机制，政府应根据低收入者实际的收入与维持正常生活所需费用的差额，对低收入者征收"负所得税"以提高低收入者消费水平。

1968年，Leland提出了预防性储蓄理论，预防性储蓄理论又进一步拓展了以往的消费理论，其认为消费者对未来的预期具有不确定性，因此，会理性地减少现期消费，适当增加储蓄以备不时之需，消费者在现期的储蓄水平由他们对风险的厌恶程度以及对未来风险大小的预期决定。公共转移支付可降低消费者对未来收入和支出的不确定性，进而减少预防性储蓄，提高消费水平。上文提到，生命周期假说认为，消费者通过借贷和储蓄来平滑整个生命期的消费，这是建立在消费者处于完善的金融环境下，并且具有良好信用记录的前提下。但现实是，有很多处于贫困线以下的群体没有固定收入来源，无法承担借贷成本，很难通过借贷的方式平滑消费，这就是"流动性约束"。泽尔德斯（1989）认为，在流动性约束下，消费者会对收入下降的冲击反应过度，比在无流动性约束下消费更加谨慎，过度储蓄。即使没有流动性约束，消费者也会在流动性约束预期下收紧消费、过度储蓄，以防止未来流动性约束和不确定风险的冲击。另外，由于消费者对未来的不确定加上流动性约束的存在，使得其无法对其整个生命期的消费统筹规划，只能分阶段地规划当期消费和最近的消费，导致"短视"的消费行为。公共转移支付中有针对特殊人群的具有全福利性、减贫性、保障性的项目，可以对符合条件的具有流动性约束的群体实施帮扶，增加其收入，提高消费水平。

2.4.2　公共转移支付与消费关系的经典理论

1974年，费尔德斯坦对生命周期理论进行了拓展，他通过研究美国养老保险对居民消费和储蓄的影响，得出了"资产替代效应"和"引致退休效应"两个经典理论。"资产替代效应"是指养老保险作为一种退休后的收入影响了消费者的预期，他们认为，退休后还有养老金收入，所以降低当前的预防性储蓄，增加现期的消费。"引致退休效应"是指因为养老保险影响了消费者的预期，所以消费者倾向于提前退休安享生活，但是退休后除了养老金收入，其他收入逐渐减少，消费者为平滑其整个生命周期的消费，会提高当前的预防性储蓄，减少现期消费以保证退休后的生活质量。费尔德斯坦指出，"资产替代效应"和"引致退休效应"的相对强弱决定了养老保险挤出还是挤入居民消费。

值得注意的是，"资产替代效应"和"引致退休效应"只针对拥有养老保险的居民，现实情况显示，在社会保障体系不完善的国家，有很多贫困线以下的居民家庭并没有养老保险等公共转移支付。

3　消费视角下我国相对贫困线的统计测度

党的十八大以来，以习近平同志为核心的党中央高屋建瓴，不断创新思路、改进扶贫方式，将脱贫攻坚任务纳入"两个一百年"奋斗目标的重大战略部署之中，推动我国扶贫事业进入精准扶贫的新阶段（2013—2020年），截至2020年末，我国如期完成了现行标准下农村贫困人口全部脱贫，贫困县全部摘帽的目标任务，消除了绝对贫困和区域性整体贫困，取得了举世瞩目的伟大胜利。

图 3-1　2012—2020 年中国农村贫困人口和贫困发生率

我国虽然消除了绝对贫困，但这并不意味着贫困的终结，因贫困脆弱性造成的返贫人口以及随着贫困线上调形成的新贫困人口构成了我国新时期的相对贫困人口。这表明，我国已经进入全面建成小康社会的相对减贫时期，反贫困重心将转向解决"相对贫困"问题。

进入相对减贫期后，我们应充分认识到绝对贫困和相对贫困并不是简单的分割，相对贫困中仍然包括绝对的因素，相对贫困与绝对贫困治理也存在着一些共性的难点问题。基于以上认识，本书在梳理国内外已有相对贫困研究成果的基础上，从统计学的视角对我国相对贫困的测度进行探讨，而后对我国相对贫困治理重点关注的群体进行分类，针对各类潜在相对贫困群体的异质性表现提出具有差异化的相对贫困治理措施，尝试融入相对贫困治理体系中，促进相对贫困群体的可持续发展。

3.1 相对贫困的内涵及测量方法

3.1.1 相对贫困的内涵、特征及成因

1.相对贫困的内涵

从目前学术研究和大众普遍的认知来看，贫困被划分为绝对贫困和相对贫困。绝对贫困是指在一定的生产和生活方式下，个人或者家庭所获得的收入无法满足衣食住行等最基本的生存需求而所处的一种生活状态。绝对贫困更加关注人类的生存需要，但随着经济的发展和社会的进步，一些发达国家逐渐摆脱了绝对贫困，越来越多的学者开始关注相对贫困，国外学者从20世纪50年代开始研究相对贫困，关于相对贫困的研究可以分成三类。一类是以Townsend（1901）为代表的学者，认为随着经济的发展和社会的进步，贫困的内涵应拓展至相对贫困，如果一个人不能按照大众所认可和接受的生活状态去生活，那么这个人就处于相对贫困状态[95]。世界银行在1983年《世界发展报告》中也提出了类似的观点，相对贫困更多的是强调人类的社会需求和权利与机会的平等。相对贫困概念一经提出就得到了许多发达国家的认同和支持。另一类是以Sen（1981）为代表的学者基于发展中国家经济社会发展的情况对贫困的论断，他们认为，相对贫困的表象下其实质是绝对贫困的内核，是绝对的剥夺和可行能力的缺失。学者们围绕Townsend和Sen Amartya的观点进一步研究形成了第三类观点，他们认为，贫困兼具绝对和相对两种特性，试图寻找一种方法构建出复合指标，将贫困的两种特性同时体现出来。

我国学者从20世纪90年代开始研究相对贫困，随着我国逐渐摆脱绝对贫困，开始进入相对贫困的治理时期，有关相对贫困的研究成果也越来越丰富，包括相对贫困的内涵、特征、表现和测度等。陆小华（2000）认为，相对贫困是指与社会平均水平相比，一部分特定人群生存所需的物质保障、技术支持和思想意识引导等都处于匮乏的一种生存状态[10]。童星和林闽钢（2001）认为，在解决温饱的前提下，生活水平低于社会公认的标准，而且缺乏发展能力或者发展能力弱则属于相对贫困[101]。毛广雄（2004）提出，相对贫困是社会成员当下的生活水平虽然能满足吃穿，但是却处在最低的生活标准而且无法进一步发展和提升的一种贫困状态[108]。杨舸（2017）认为，相对贫困不但是特定群体因未达到社会平均生活水平而遭到排斥，而且是与他人相比感到相对剥夺的一种心理状态[102]。谭诗斌（2018）认为，相对贫困是个人或者家庭所占有的资源和生活水平都低于社会共同体的平均水平[103]。张明

皓和豆书龙（2020）认为，相对贫困是个人或家庭实现了最基本的生存需求，但不能实现其他基本需求的一种贫困状态[109]。

2.相对贫困的特征

（1）次生性

张明皓和豆书龙（2020）认为，绝对贫困属于原生性贫困，而相对贫困属于次生性贫困，社会转型滞后或者部分超前不可避免地造成某些群体丧失发展机会和权利而成为相对贫困群体。还可理解为我国长期的二元结构尚未打破，在快速的城镇化过程中产生了大量的相对贫困群体。总体上来说，相对贫困是由于社会转型束缚了个人的发展造成的贫困。相对贫困更多地强调结构性因素，只有通过调整经济发展结构才能逐步缓解相对贫困[109]。

（2）长期性

相对贫困存在的长期性主要体现在两个方面。一方面，相对贫困的人口基数大，无论采用何种计量方法，我国相对贫困人口的数量和比例都非常巨大。另外，我国虽然逐步摆脱了绝对贫困，但是目前我国的基尼系数仍然很大，随着经济发展水平的提高，由收入差距造成的相对贫困人口数量将会越来越多。另一方面，可行能力不足导致相对贫困，相对贫困导致个人失去发展的机会和权利，长此以往，循环往复使得相对贫困群体陷入贫困陷阱无法自拔，出现相对贫困的马太效应，造成相对贫困在代际传递以及在社会各阶层形成根深蒂固的思想。

（3）分散性

随着城镇化和工业化进程的加速，大量农村人口流动到城市，以往的农村区域性、群体性贫困转变为城乡人口相互交错的分散式贫困，这势必为相对贫困的识别造成了较大难度。另外，我国虽然消除了绝对贫困，但深度贫困地区的群体，空巢、独居老人和留守儿童，城镇的"三无"人员和失业群体以及精神贫困群体的脆弱性等特征决定了他们随时会因社会环境的变化再次致贫返贫，而这些特殊类型的贫困群体皆分散居住在我国各个地区。

（4）多维性

我国已经消除绝对贫困，实现了全面的小康社会。在这样的背景下，贫困群体的需求数量、层次和结构都发生了巨大的变化。相对贫困既包括由于收入窘迫导致的无法维持基本生活的困境，又包括处于社会排斥之下的难以满足住房、文教娱乐、医疗保健等公共服务需求的风险之中，与此同时，权利和能力贫困也是相对贫困构成中非常重要的维度。因此，相对贫困是物质贫困与精神贫困共存的一种贫困，具有多维性。

（5）隐蔽性

相对贫困的多维性决定了相对贫困不仅是物质方面的匮乏，更多的是一种主观的心理感受，是一种物质和精神生活水平达不到社会认可标准的心理落差。

这种心理落差感会随着收入差距的加大越来越强烈，长此以往，就会心灵扭曲，形成心理疾病，但是这种心理疾病却是极不容易被发现的，具有隐蔽性。此外，农民工等流动群体处在城市和农村监管的"真空地带"，长期的漂泊使得这部分群体的贫困问题难以被发现，而且即使被发现也很难找到监管组织。目前，流动群体的贫困问题已经成为经济社会发展的重大隐患，会直接影响到我国的减贫成效，是相关部门亟待解决的问题。

3.相对贫困的成因

有关我国相对贫困的成因，概括起来可以从以下四个方面理解。一是相对贫困是收入和资源分配的不平等，汪三贵和曾小溪（2018）提出，相对贫困是收入分配不平等造成的贫困，无关乎实际生活质量；相对贫困与"相对剥夺"相对应并表现为收入分配不平等，测度标准尚未统一[110]。王磊（2019）认为，相对贫困本质上仍然是收入差距造成的一种贫困，具体表现为个人收入水平与社会平均收入水平有较大差距[111]。左停和苏武峥（2020）指出，经济的快速增长会引发收入以及各种资源分配不公和贫富的两极分化，这种分配的不公平除了表现为初次收入分配的差距外，还体现在再分配过程中教育、医疗、卫生等公共服务资源分配的不公平，这些都会导致相对贫困问题的发生[112]。二是权利和机会被剥夺，即相对贫困是特定的群体或者个人缺乏本应享有的政治、经济、文化权利所导致的贫困，包括丧失发言权、被社会排斥等现象。郭熙保（2005）认为，贫困家庭或者个人在经济上是被社会边缘化的，这也导致他们在政治和社会上甚至文化和福利上也被边缘化，他们在任何场合都没有发言权，缺乏法律的保护，他们的人格得不到尊重，而且被禁止利用各种机会实现自身价值，在社会上一直处于被排斥的境地[113]。如果一个人被排斥在主流经济、政治以及社会活动之外，即使他有一定的收入、自身能力也不差，他可能还是很贫穷。三是易遭受各种风险的冲击，可持续发展能力弱，这里实际上强调的是相对贫困群体具有脆弱性的特征，所谓脆弱性是指贫困群体相较于非贫困群体更易遭受到市场风险、自然灾害、经济周期波动以及社会动荡等不确定性因素所带来的冲击。脆弱性包括内在和外在两个方面，内在是指贫困者内心孤立无援，外在是指易遭受外部冲击，这两个方面使得贫困者缺少应对破坏性损失的能力和手段。张琦等（2020）依据致贫原因，将相对贫困群体分为自然脆弱、生理脆弱和社会脆弱群体，进一步将三类群体的致贫路径归纳为"主体因素—经济因素""制度因素—经济因素""环境因素—经济因素"[114]。四是与其他社会成员相比较后的主观感受和心理状态，由此可见，相对贫困已经拓展至心理和精神层面。杨菊华等（2019）依据马斯洛的需求理论，将贫困分成了四级、两大类，一类是经济和健康需求得不到满足而产生的贫困；另一类是社会和精神方面缺失而产生的贫困，精神贫困是最高级别[115]。

鉴于以上对相对贫困内涵及其成因的论述不难看出，随着社会的进步和经济的发展，贫困的内涵已经发生了巨大的变化，以往从收入角度出发，以满足人类生存需要为目标来确定贫困线的方式已经难以适应新时代的发展要求。我们需要以全新的视角重新审视新时期的贫困问题，提出一个经过综合考量的、多元的贫困标准。

3.1.2　相对贫困线的测度方法

1.相对贫困线制定的原则及方法

相对贫困线的测度方法由英国学者 Townsend 提出，其主要思想是如果某一住户的收入比社会平均收入低很多，那么该住户就不可能充分参与到社会的正常生活中。相对贫困线通常情况下要比绝对贫困线水平更高，属于高层次的贫困概念。The World Bank（2014）指出，在制定贫困线时要遵循一些基本的原则，第一，能在合理的范围内抓住解决现实贫困问题的本质；第二，有助于减贫政策的制定，能够做横向、纵向的比较；第三，能够为后期的贫困分析奠定良好的基础，包括公共转移支付等公共政策对贫困的干预等；第四，能够清晰地辨识出贫困群体并给予相应的救助；第五，所选用的数据真实可靠并且易获取[116]。

目前对于相对贫困线的测度，国际上通常的做法是将某地区的平均收入或收入中位数乘以一个百分数，这种方法称为收入比例法。除常用的收入比例法外，测度相对贫困线的方法还有预算标准法、实证分析法（自然贫困线）、社会指标法（多维贫困标准）等，具体参见表3-1。

表3-1 相对贫困线的测度方法

类型	指标含义	指标作用	举例
预算标准法	根据社会认可的生活水平制定的贫困线就是相对贫困线	既可制定绝对贫困线也可制定相对贫困线,取决于由谁制定贫困线以及如何制定贫困线	合意预算标准法:根据不同贫困群体生活必需品的种类、数量和价格计算相对贫困线。生活必需品的种类是由居民代表通过多轮讨论制定
收入比例法	某个国家或者地区的平均收入或收入中位数乘一个百分数	将重心放在了平等的分配而非满足基本的需求上,能够反映出贫困本身所具有的相对性特征	经济合作与发展组织以一个国家或地区社会中位收入或平均收入的50%作为这个国家或地区的相对贫困线
实证分析法	采用实证的方法通过对居民收入—消费支出截面分布的客观描述与测算确定相对贫困线	是一种客观存在的、社会自然而然形成的自然贫困线。既可制定绝对贫困线也可制定相对贫困线	分位数函数零点法、扩展线性支出系统法
社会指标法	根据居民基本生活需求、公共服务、社会保障与福利以及社会地位和主观心理感受等确定多个贫困维度和维度阈值	为贫困基本生活保障和基本公共服务领域"补短板"的依据	MPI:生活、教育、健康三个一级指标下有多个二级指标,如健康下面有两个二级指标,分别为儿童死亡率、营养健康情况

2.我国相对贫困线的测度及注意事项

2020年后我国进入相对贫困治理时期,相对贫困治理时期的首要任务是选择合适的方法划定相对贫困线,确定相对贫困人口,而相对贫困线的划定既要具有科学性又能适应中国国情。于光军(2020)提出,解决相对贫困问题需要经济学、社会学、心理学、统计学等多个学科共同关注[117]。本书基于以上学科的理论思想提出划定相对贫困线时需要注意的几点问题。

(1)划定相对贫困线要客观真实

以收入比例法为例,经济合作与发展组织以一个国家或地区社会中位收入或平均收入的50%作为这个国家或地区的贫困线,这就是后来被广泛运用的国际贫困标准。当前,世界银行将收入低于社会平均收入1/3的社会成员视为相对贫困人口,一些国家将低于平均收入40%的人口归为相对贫困人口。目前我国大部分学者也沿用了国际上划定相对贫困线的惯用方法,陈宗胜等(2013)提出用农村人均纯收入均值的40%~50%作为相对贫困线[118],程永宏等(2013)使用农村家庭人均纯收入、城镇家庭人均可支配收入的50%来划定相对贫困线[119],蔡亚庆等(2016)提出把各个省份人均净收入的50%作为相对贫困线[120],李实和朱梦冰(2018)建议把收入中位数的50%划定为相对贫困线[121]，邢成举和李小云（2019）则认为将收入中位数的40%划定为相对贫困线更加合理[122]，沈扬扬和李实（2020）提出按照人均可支配收入中位数的40%设定相对贫困线[123]。

综上所述，目前国内外惯用的采用收入比例法测度相对贫困线存在以下问题。首先，划定相对贫困线的第一个关键点是确定科学的基数标准，从现有的国内外研究来看，学者们大多采用人均可支配收入、人均净收入和收入中位数作为相对贫困线确定的基数标准，可见相对贫困线的基数标准并不统一。另外，通过相对贫困的概念可知，相对贫困与收入分配不平等有很大的关系，但是目前相对贫困线的划定并没有反映出收入分配结构的特征。其次，划定相对贫困线的第二个关键点是选择一个合适的比例，而目前学者们对于所选择的比例并没有给出令人信服的理由，带有一定的主观性和武断性。

除收入比例法外，还有一些文献倡导使用社会指标法（多维贫困标准），该方法在瞄准贫困人口和制定相关政策干预贫困人口方面具有一定的价值，但是在横向、纵向对比以及反映经济社会发展进程上是有弊端的。另外，社会指标法在二级指标的选取上也存在主观性强、标准不统一的问题。因此本书认为，从监测贫困动态、分析贫困成因以及有助于制定反贫困政策的社会需要来看，制定一个符合多种需要、客观真实、相互补充的多元相对贫困标准体系是目前相对贫困治理亟待解决的问题。

（2）划定相对贫困线时应采用城乡分别划线的方式

我国已经进入新一轮的贫困治理阶段，究竟是采用城乡一体的相对贫困线还是分开划线？谭诗斌（2018）认为，城镇化率达到70%以上的地区才属于高度城镇化地区，城乡居民收入比低于1.5：1才能视为较合理、可接受的城乡收入差距，如果达不到上述的要求，就表示城乡二元经济结构特征较为明显[103]。

如表3-2所示，2017年、2018年、2019年我国城镇化率分别为58.52%、59.58%、60.6%；城乡居民人均可支配收入比分别为2.71：1、2.69：1、2.64：1，在这种城乡二元结构明显、城乡收入差距较大的情况下，以全国居民为基数，划定城乡一体的相对贫困线，会导致经济等相关政策的制定和落实不到位。因此，在2020年后的很长一段时间内，不适合应用城乡一体的相对贫困线，而应该采用城乡分别划线的相对贫困线更为合理。否则，所估计出来的贫困人口规模，会因为城镇人口的加入明显大于采用城乡分开测量再加总的贫困人口规模。沈扬扬和李实（2020）采用全国人均可支配收入中位数的40%作为相对贫困线，估算出2018年我国相对贫困人口数高达2亿，而且农村贫困人口占其中的80%以上；而采用城乡分别划线的相对贫困线测算出（均以40%为相对贫困标准），2018年我国农村相对贫困人口为0.6亿，城镇相对贫困人口为0.7亿，相对贫困人口合计为1.3亿[123]。

表3-2　2017—2019年中国城镇化率及城乡收入、消费差距情况

指标	2017年	2018年	2019年
全国总人口（万人）	139 008	139 538	140 005
城镇常住人口（万人）	81 347	83 137	84 843
常住人口城镇化率（%）	58.52	59.58	60.6
城镇居民人均可支配收入（元）	36 396	39 251	42 359
农村居民人均可支配收入（元）	13 432	14 617	16 021
城乡居民收入比（农村为1）	2.71	2.69	2.64
城镇居民人均消费支出（元）	24 445	26 112	28 063
农村居民人均消费支出（元）	10 955	12 124	13 328
城乡居民消费比率（农村为1）	2.23	2.15	2.11

数据来源：2017—2019年国民经济和社会发展统计公报（国家统计局）。

（3）划定相对贫困线时要考虑家庭规模经济

目前有很多学者在划定相对贫困线时所使用的数据是以个体或者家庭为单位的微观调查数据，微观调查数据相对于宏观数据更能反映出贫困群体生活的真实状态和细节，有利于我们有针对性地制定相关政策，但在划定相对贫困线时也存在一些问题。当家庭成员有多位时，他们会在一定程度上共享资源，在家庭福利层面便产生了规模经济的问题，在实际研究时，我们往往忽略了家庭规模经济，直接使用家庭人均纯收入来衡量家庭福利水平，这可能导致贫困程度被高估。目前，国际上常用OECD（经济合作与发展组织）的等价规模来进行等值规模调整以消除家庭规模经济的影响，即家庭中第一个成年人的权重记为1，其他年满14周岁以上的人记为0.7，未满14周岁的人记为0.5。本书认为，应考虑中国家庭生活方式和年龄结构与西方的差异，需进一步计算老年人口的等价尺度。另外，鉴于城镇贫困和农村贫困的成因、程度都有很大的不同，本书认为，应该对城镇和农村的人均纯收入分别计算等价规模，对于这一部分研究内容，本书将其单独拿到第4章进行阐述。

（4）划定相对贫困线时要综合考虑社会需求指标

我国已经消除绝对贫困，实现了全面的小康社会，但应注意到相对贫困群体在

某种程度上仍具有绝对贫困群体的脆弱性特点，随时都有返贫的风险。而且与绝对贫困相比，相对贫困群体的需求层次、结构都发生了重大变化，相对贫困的分布范围也更广、更分散，还伴有隐蔽性、次生性、复杂性和多维性等特征。因此在制定科学合理的相对贫困线的同时，还要充分考虑到相对贫困群体对教育、医疗、健康、住房等公共服务的需求，构建一套全面的社会需求指标体系，同时在指标体系中还要彰显出对相对贫困群体各种权利、机会和可持续发展能力的建设和保障。

基于上述相对贫困线的制定原则以及我国相对贫困线测度时需要注意的事项，本研究认为，可以从消费的角度建立扩展线性支出系统（ELES）模型，采用实证的方法划定相对贫困线，主要基于以下几点原因。

首先，从研究的角度来看，马克思认为"一切真正危机的最根本原因，总不外乎群众的贫困和他们有限的消费"。通常来说，人们福利水平的高低主要体现在对各类商品和服务的购买能力上，因此，消费是比收入度量个体及其家庭福利更合适的指标（Blundell et al., 2004）。另外，过去测度贫困线时一般是用当期收入而非持久收入，但是相比消费，当期收入易受外界因素的影响而发生波动，而消费能借助信贷和储蓄等免受外界的干扰。因此，从消费的角度测度相对贫困更加合理。

目前，在研究消费贫困方面比较有代表性的学者就是2015年诺贝尔经济学奖的获得者Angus Deaton（以下简称Deaton）。Deaton在20世纪80年代，基于贫困问题高发的发展中国家，利用消费和生活标准，对贫困进行测度。他将研究视角转为居民在消费品与消费方式的选择上，改变了以往重视量化的贫困研究思路，转而对消费品质与消费标准进行研究。

其次，从选取的指标来看，扩展线性支出系统法是按国家统计局划分好的八大类消费支出作为居民基本消费需求来划定相对贫困线的，是客观存在的确定的范畴，这也是此方法有别于预算标准法之处，由表3-1可知预算标准法所选取的消费品种类是由居民代表讨论得出的，带有一定的主观性。依照国家统计局的划分，八大类消费包括食品支出、衣着鞋帽支出、居住支出、家庭设备及日用品支出、医疗保健支出、交通通信支出、文教娱乐支出、其他支出。其中，食品支出、衣着鞋帽支出和居住支出三类基本消费需求之和是满足人类生存需要的消费支出，属于绝对贫困下的消费需求；食品支出、衣着鞋帽支出、居住支出、医疗保健支出和文教娱乐支出五类基本消费需求之和是满足我国2015年中央扶贫工作会议制定的"十三五"脱贫攻坚的扶贫标准，即"两不愁三保障"（不愁吃、不愁穿，义务教育、基本医疗和住房安全有保障）的消费支出；食品支出、衣着鞋帽支出、居住支出、家庭设备及日用品支出、医疗保健支出、交通通信支出、文教娱乐支出、其他支出八类基本消费需求之和是在满足人类生存所需的基础上，还能够实现人类各方面发展的消费支出，既包括物质方面的消费支出也包括精神方面的消费支出，这与上文所表述的相对贫困内涵恰好相契合，属于相对贫困下的消费需求。因此，用八大类基本消费需求之和作为相对贫困线是有一定的理论和现实意义的。黄忠晶（2004）也认为，绝对贫困线是按照满足人体基本活动所需的最低营养标准来测算的，而相对贫困线则是按照社会成员从事日常社会活动所需的最低消费水平来测算的[124]。而且，在多数情况下，用消费指标刻画相对贫困线比用收入指标更贴切。目前，我国大部分贫困人口的收入已经超过收入贫困线，摆脱了收入贫困，但是沉重的生活负担以及对未来预期的不确定，导致一部分已经脱离收入贫困的群体并没有按照社会公认的标准去消费，这就是一种典型的相对贫困。

从选用的方法来看，实证方法确定贫困线不掺杂任何人为因素，不以制定者的主观意志为转移，它是自然形成的。谭诗斌（2018）认为，扩展线性支出系统（ELES）中基本消费需求并不是一成不变的，它能自动与社会整体收入或消费水平挂钩而"水涨船高"，具有自动调整的机制，所以用其作为相对贫困线，符合经济学原理[103]。用扩展线性支出系统中的基本消费需求确定相对贫困线的方法也比较灵活，不仅可以制定全国的相对贫困线，也可以制定城镇和农村甚至各地区的相对贫困线。

截至目前，我国已有许多学者运用扩展线性支出系统研究贫困线。祝梅娟（2003）对我国居民的消费数据使用扩展线性支出系统进行了贫困线的测算，她认为该方法从理论层面、操作层面都适合测度贫困线[125]。骆祚炎（2006）认为，现阶段使用扩展线性支出系统来测度相对贫困线相较于现行的国际贫困线更符合中国的实际，而且该方法比较灵活，可以制定各地区的相对贫困线，数据易获取，实用性较强[126]。张艳涛等（2007）使用扩展线性支出系统测算了江西省城镇的低保线，研究表明该方法能够很好地反映江西省城镇的贫困状况[127]。朱海玲（2007）认为，与其他测度贫困线的方法相比，扩展线性支出系统有可靠的理论基础，而且使用的住户调查资料中的商品名录和各阶层收入消费数据翔实，可操作性强。但是ELES方法对住户调查资料依赖性较强，一些地区如果没有住户调查资料就无法用该方法测度贫困线[128]。姚金海（2007）认为，扩展线性支出系统是利用计量经济学的原理，排除了主观因素，依据消费数据把绝对贫困和相对贫困统一起来测度贫困线，该方法使用统计软件就能实现，简单易行[129]。唐运舒和于彪（2009）分别运用扩展线性支出系统、恩格尔系数法和收入比例法对安徽省2001—2007年的贫困线进行了测算，发现扩展线性支出系统测算方法相比其他两种方法更加客观，而且体现了绝对贫困与相对贫困的统一性。另外，通过对比发现官方贫困标准远远低于三种方法测算的贫困线，我国的贫困程度被低估[130]。汪晓文等（2011）运用甘肃省农村的收入和消费支出数据、采用扩展线性支出系统测算了其2007—2009年的农村贫困线，与现行贫困标准相比，发现甘肃省农村的贫困程度被低估[131]。杨雪和王志斌（2011）以社会保障和马斯洛需求层次理论为依据，运用扩展线性支出系统测算了我国城市的低保标准，得出我国各省市现行低保标准偏低，不足以维持城市居民的基本生活的结论，进一步计算低保–消费替代率来衡量省际的低保标准是否合理[132]。高建民等（2014）采用扩展线性支出系统度量了陕西省2008年的城乡贫困线，通过计算相关指标发现，官方的贫困线偏低导致我国的贫困程度被低估[133]。王翠翠等（2018）分别采用多种常见的测算贫困线的方法测算了我国的贫困线，对比分析发现，扩展性线性支出系统测算的贫困线更符合我国新型城镇化的发展要求[134]。闫菊娥等（2018）基于扩展性线性支出系统分别测算了陕西省的城乡贫困线，研究表明，现有的官方贫困标准低估了陕西省的贫困程度[135]。林万龙和陈蔡春子（2020）运用扩展线性支出系统对全面建成小康社会后我国的扶贫标准进行了测算。测算结果表明，2020年后采用"绝对的相对贫困标准"更符合新时期对于贫困的界定[136]。学者们得出的结论为本书应用扩展线性支出系统划定相对贫困线奠定了良好的基础。

3.2　我国相对贫困线的测度

3.2.1　模型与测度方法简介

英国经济学家约翰·斯通（1954）提出了线性支出系统（LES）模型。Luch（1973）对线性支出系统模型进行了改良，提出了扩展线性支出系统（ELES）模型[137]，扩展线性支出系统模型不仅可以分析居民的消费需求和消费结构，还可以测算居民的基本消费需求，因此被许多学者用来估计贫困线。

斯通提出的线性支出系统（LES）模型如下：

$$p_i q_i = p_i q_i^0 + b_i(V - \sum p_i q_i^0) \quad (i = 1, 2, \cdots, n) \tag{3-1}$$

式（3-1）中，p_i 为第 i 种商品的价格；q_i 为第 i 种商品的需求量，q_i^0 为第 i 种商品的基本需求量，且 $q_i > q_i^0$；V 为支出预算；b_i 为边际预算份额，$0 < b_i < 1$。

Constantino Luch 对 LES 模型做了两点改进：①用居民收入 I 代替支出预算 V；②用边际消费倾向 β_i 代替边际预算份额 b_i，得到扩展线性支出系统模型：

$$p_i q_i = p_i q_i^0 + \beta_i(I - \sum p_i q_i^0) \tag{3-2}$$

该模型假定：①居民对商品或者服务的需求量 q_i，由居民的收入 I 和商品或者服务的价格 p_i 来决定；②居民对商品或者服务的需求分为基本需求和非基本需求，家庭消费安排是理性的，只有满足基本消费需求后，才会将剩余收入按照一定的边际消费倾向用来满足非基本消费需求。

式（3-2）表示的是，居民对第 i 种商品的消费支出由两部分构成：①第 i 种商品的基本需求支出部分，即式（3-2）右边的第一项；②第 i 种商品的非基本需求支出部分，即式（3-2）右边的第二项，它是剩余收入 $(I - \sum p_i q_i^0)$ 与边际消费倾向 β_i 的乘积，$0 < \beta_i < 1$。

将式（3-2）右边第二项展开后并整理，得到另一种表达形式：

$$p_i q_i = (1 - \sum \beta_i) p_i q_i^0 + \beta_i I \tag{3-3}$$

令

$$\alpha_i = (1 - \sum \beta_i) p_i q_i^0 \tag{3-4}$$

式（3-4）则转化为以下一元线性模型形式，即第 i 种商品的 ELES 模型：

$$p_i q_i = \alpha_i + \beta_i I \tag{3-5}$$

式（3-5）中，α_i 为居民对第 i 种商品的"自发消费"，它与居民的收入 I 无关，$\beta_i I$ 为居民对第 i 种商品的"引致消费"，它与居民的收入 I 和第 i 种商品的边际消费倾向 β_i 有关。α_i 和 β_i 是待估计参数，将式（3-5）两边加总，可得到 ELES 加总模型：

$$\sum p_i q_i = \sum \alpha_i + \sum \beta_i I \tag{3-6}$$

在 ELES 模型中，居民全部商品或服务的消费支出被分成两部分：一部分是满足基本需求的商品或服务（即生活必需品）支出；另一部分是满足非基本需求的商品或服务（即非生活必需品）支出，那么，根据贫困线的定义，只要将满足基本需求的商品或服务（生活必需品）支出 $\sum p_i q_i^0$ 计算出，也就确定了贫困线 z。按照这一思路，将式（3-4）两边加总得到：

$$\sum \alpha_i = (1 - \sum \beta_i) \sum p_i q_i^0 \tag{3-7}$$

于是，得到了贫困线 z 的公式：

$$z = \sum p_i q_i^0 = \frac{\sum \alpha_i}{(1-\sum \beta_i)} \qquad (3-8)$$

式（3-8）中，$\sum \alpha_i$、$\sum \beta_i$为ELES模型（3-6）的回归系数，计算过程是：用第i个商品支出回归方程（3-5）对给定数据进行回归，分别得到各种商品的回归系数α_i、β_i后再加总，便可得到$\sum \alpha_i$、$\sum \beta_i$。

由式（3-6）和式（3-8）可知，只要通过对居民生活消费品支出数据进行回归，得到回归系数$\sum \alpha_i$、$\sum \beta_i$，就可以测算出满足居民基本需求的商品或服务（生活必需品）支出$\sum p_i q_i^0$，也就测算出了贫困线z。

3.2.2 数据与指标描述

本书所使用的数据是中国家庭追踪调查（CFPS）数据，CFPS数据库目前涵盖了2010年、2012年、2014年、2016年、2018年五次实地调研的家庭数据，是两年一期的家庭追踪调查数据，数据包括了25个省、自治区、直辖市的人口，分层多阶段抽样设计使得样本所在区域人口数占到全国的94.5%，其中2016年的家庭样本量达到了14 033个，2018年的家庭样本达到了14 019个，是具有全国代表性的大型微观综合性社会调查数据。由于目前并没有2020年以后的数据，另外，为了与已有研究计算出来的贫困线进行对比以及为进行我国相对贫困程度的纵向对比分析，本书选用了2016年和2018年两年的CFPS数据。为了尽可能真实反映2016年和2018年我国的贫困程度，本书运用Stata软件将2016年和2018年CFPS数据中不适用值、异常值、缺失值剔除，把符合条件的数据筛选出来。值得注意的是，2016年我国城乡常住人口比为1.34：1[1]，2018年我国城乡常住人口比为1.47：1[2]。本书筛选出来最终使用的2016年和2018年的CFPS数据中城乡常住人口比分别为1.32：1和1.77：1，分别与原始数据相差0.02和0.30。为了排除可能带来的误差，后文的结果都使用城乡权重进行了调整。

为了能精确掌握家庭内部收入分享的情况，保证后面章节等价尺度测度的准确性，本书利用CFPS问卷中的问题筛选出与被调查者经济共享和能产生家庭规模经济的家庭成员，也就是说，将具有"同居共财"特征的家庭成员汇总在一起作为家

---

[1] 资料来源：《2016年国民经济和社会发展统计公报》，国家统计局，2017年2月28日。
[2] 资料来源：同[1]。

庭成员数（familysize）①。

本书将筛选出的2016年和2018年CFPS数据分别分成农村（rural）和城镇（urban）两组，分别从中选取了食品支出（food）、衣着鞋帽支出（dress）、居住支出（house）、家庭设备及日用品支出（daily）、医疗保健支出（med）、交通通信支出（trco）、文教娱乐支出（eec）、其他支出（other）作为被解释变量、全部家庭纯收入（fincome1）作为解释变量，以上解释变量和被解释变量均除以家庭成员数（familysize）求得人均消费和人均收入后再做分析。

1. 2016年和2018年CFPS数据中分城乡八大类消费支出原始数据与筛选后的数据比例变动分析

由图3-2可知，2016年CFPS中城镇的八大类消费支出筛选后的数据仅在食品支出（food）、衣着鞋帽支出（dress）、家庭设备及日用品支出（daily）的占比上略微产生了变化，2016年CFPS和2018年CFPS中农村的八大类消费支出筛选后的数据仅在食品支出（food）的占比稍有变动，2018年CFPS中城镇的八大类消费支出筛选前后的占比基本无变化。

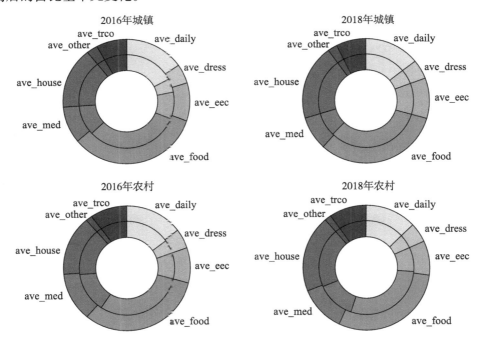

图3-2 分城乡八大类消费支出原始数据与筛选后的数据比例变动情况

---

① CFPS家庭成员问卷中问到了有关家庭成员"目前是否与被采访者住在一起"和"在经济上是否与被采访者独立"这两个问题，通过"目前是否与被采访者住在一起"这个问题能够看出家庭成员之间是否产生规模经济，通过"经济是否与被采访者独立"这个问题能够看出家庭成员之间是否存在经济共享。

2.横向对比分析

（1）2016年CFPS数据中城乡八大类消费的对比分析

由图3-3和图3-4可知，从八大类人均消费支出来看，城镇居民的八大类人均消费支出均大于农村居民的八大类人均消费支出，其中相差较大的是食品支出（food）、家庭设备及日用品支出（daily）和居住支出（house）；从八大类消费支出占比来看，农村在医疗保健支出（med）的占比要高于城镇，而城镇在食品支出（food）的占比要高于农村。农村在医疗保健支出（med）的占比要高于城镇，可能是由于农村外出的大量农民工脱离了农村，长期居住在城镇，因此国家对于农村的扶贫政策将不再覆盖此部分人群。但是他们的户籍还在农村，因此也享受不到城镇的医疗保险等社会保障，以上两方面的原因造成农村在医疗保健支出的占比要高于城镇。城镇在食品支出（food）的占比要高于农村可能是由于农村有很大一部分食品属于自产自销，因此他们在食物支出的占比要低于城镇。

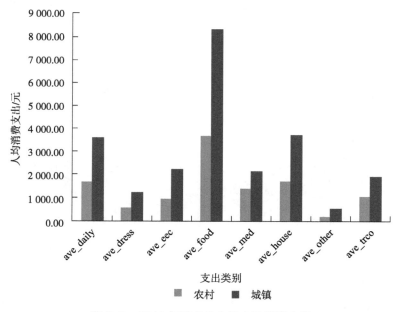

图 3-3　2016 年城乡八大类人均消费支出

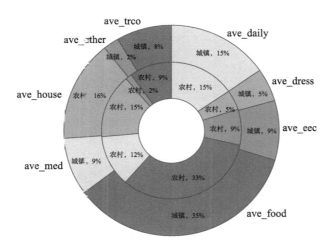

图 3-4 2016 年城乡八大类消费比例情况

（2）2018年CFPS数据中城乡八大类消费的对比分析

由图3-5和图3-6可知，从八大类人均消费支出来看，与2016年情况类似，城镇居民的八大类人均消费支出均大于农村居民的八大类人均消费支出，其中相差较大的依然是食品支出（food）、家庭设备及日用品支出（daily）和居住支出（house）；从八大类消费支出占比来看，农村在医疗保健支出（med）的占比要高于城镇，而城镇在食品支出（food）和文教娱乐支出（eec）的占比要高于农村。造成农村在医疗保健支出（med）的占比高于城镇，城镇在食品支出（food）的占比高于农村的原因同上文对2016年的分析，而城镇在文教娱乐支出（eec）的占比高于农村可能是由于CFPS有关文教娱乐支出的调查除了义务教育支出还包括非义务教育支出，即日常的培训、补习班等。据不完全统计，2018年在城镇，尤其是在三四线城市线上教育市场的发展迅猛，家长偏好比例由2016年不足14%到2018年的27%，规模突破了3 000亿大关①。而农村由于互联网技术未完全普及等原因，线上教育的发展相对落后于城镇。

---

①资料来源：UBS-S Research 前瞻产业研究院整理。

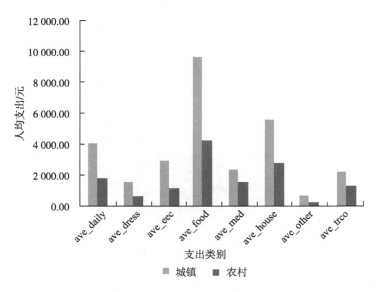

图 3-5　2018 年城乡八大类消费人均支出

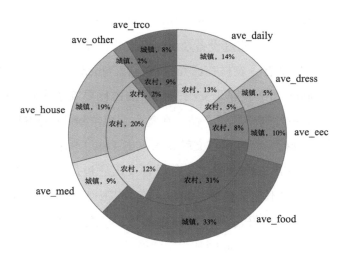

图 3-6　2018 年城乡八大类消费比例情况

3.纵向对比

（1）2016年和2018年CFPS数据中城镇八大类消费支出对比分析

由图3-7和图3-8可知，从八大类人均消费支出来看，2018年城镇居民的八大类人均消费支出均大于2016年城镇居民的八大类人均消费支出，各类消费支出的涨幅比较平缓、均衡；从八大类消费支出占比来看，2016年城镇在食品支出（food）的占比要高于2018年城镇在食品支出（food）的占比，这恰好与恩格尔法则相契合，即随着家庭收入的增加、生活水平的提高，用于购买食物支出的比例会越来越小。

从上图还可看出，2016年城镇在居住支出（house）的占比要低于2018年城镇在居住支出（house）的占比，众所周知，受城镇化等各方面因素的影响，我国城镇居住支出的占比一直处于上涨状态。

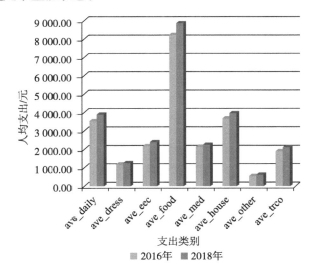

图 3-7　2016 年、2018 年城镇八大类消费人均支出

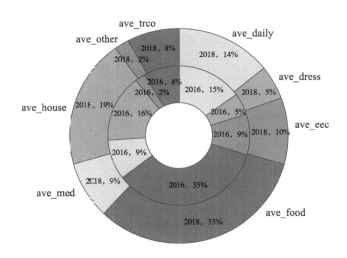

图 3-8　2016 年、2018 年城镇八大类消费比例

（2）2016年和2018年CFPS数据中农村八大类消费支出对比分析

由图3-9和图3-10可知，从八大类人均消费支出来看，2018年农村居民的八大类人均消费支出均大于2016年农村居民的八大类人均消费支出，除居住支出（house）外，各类消费支出的涨幅也比较平缓、均衡；从八大类消费支出占比来看，2016年农村在食品支出（food）的占比要高于2018年农村在食品支出（food）的占

比，这也恰好与恩格尔法则相契合。从图3-9中还可看出，2016年农村在居住支出（house）的占比要低于2018年农村在居住支出（house）的占比。

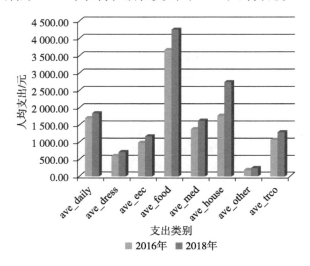

图 3-9   2016、2018 年农村八大类消费人均支出

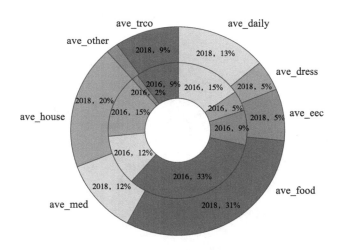

图 3-10   2016 年、2018 年农村八大类消费比例

为全面建成小康社会，我国在"十三五"时期加快实施了异地扶贫搬迁工程，在异地搬迁过程中除建档立卡人口有专项的搬迁补助资金，同步搬迁的人口实行差额补助，剩余资金需要自筹[①]。因此，与其他消费支出相比，2018年农村居住支出占比相较于2016年上涨幅度较大。

———————————

① 资料来源：《国家发展改革委关于印发全国"十三五"异地扶贫搬迁规划的通知》，国家发展改革委网站。

3.2.3　实证结果分析

本书将筛选后的2016年和2018年CFPS数据分城乡按人均纯收入（fincome1_per）由低到高排序，把八大类消费按家庭户的10%、10%、20%、20%、20%、10%、10%分为7个比例份额分别统计，计算出每一个比例下的人均纯收入和八大类人均消费支出，建立ELES模型得到如下结果，如表3-3所示。

表3-3　2016年城镇居民人均消费支出项目回归结果

消费项目	α	β	R²	F
food	4 805.51（0.01）	0.10（0.01）	0.80	19.60（0.01）
dress	376.60（0.02）	0.03（0.00）	0.97	184.73（0.00）
house	1 405.78（0.01）	0.07（0.00）	0.96	113.85（0.00）
med	1 488.75（0.01）	0.02（0.03）	0.66	9.77（0.03）
eec	897.68（0.00）	0.04（0.00）	0.97	160.95（0.00）
daily	868.97（0.11）*	0.08（0.00）	0.95	102.71（0.00）
trco	868.11（0.01）	0.03（0.00）	0.93	63.32（0.00）
other	90.77（0.03）	0.01（0.00）	0.96	107.11（0.00）

注：*表示在5%的显著性水平下未通过检验；括号内数值为t和F的检验值。

根据公式计算出2016年各口径下的城镇贫困线分别为：

（1）绝对贫困（衣食住）口径下的贫困线：8 178.11元；

（2）"两不愁三保障"（衣食住医疗以及教育）口径下的贫困线：12 025.21元；

（3）相对贫困（八大类消费）口径下的贫困线：17 461.74元。

表3-4　2016年农村居民人均消费支出项目回归结果

消费项目	α	β	R²	F
food	1 740.95（0.00）	0.13（0.00）	0.94	154.13（0.00）
dress	192.59（0.00）	0.03（0.00）	0.99	667.24（0.00）
house	881.47（0.03）	0.06（0.01）	0.82	22.60（0.01）
med	1 055.00（0.00）	0.02（0.02）	0.70	11.81（0.02）
daily	234.86（0.07）*	0.10（0.00）	0.99	509.61（0.00）
eec	601.88（0.00）	0.02（0.00）	0.87	33.97（0.00）
trco	492.84（0.00）	0.04（0.00）	0.97	201.01（0.00）
other	31.95（0.02）	0.01（0.00）	0.96	108.42（0.00）

注：*表示在5%的显著性水平下未通过检验；括号内数值为t和F的检验值。

根据公式计算出2016年各口径下的农村贫困线分别为：

（1）绝对贫困（衣食住）口径下的贫困线：3 564.62元；

（2）"两不愁三保障"（衣食住医疗以及教育）口径下的贫困线：5 999.23元；

（3）相对贫困（八大类消费）口径下的贫困线：8 728.95元。

表3-5　2018年城镇居民人均消费支出项目回归结果

消费项目	α	β	R^2	F
food	5 036.27（0.01）	0.11（0.00）	0.88	32.38（0.00）
dress	424.39（0.02）	0.03（0.00）	0.98	191.44（0.00）
house	1 944.45（0.00）	0.09（0.00）	0.99	304.51（0.00）
med	1 670.47（0.02）	0.02（0.00）	0.69	10.92（0.02）
eec	1 025.00（0.02）	0.05（0.00）	0.95	88.94（0.00）
daily	991.54（0.06）*	0.08（0.00）	0.96	109.54（0.00）
trco	915.63（0.01）	0.03（0.00）	0.96	134.80（0.00）
other	116.59（0.07）*	0.01（0.00）	0.98	245.00（0.00）

注：*表示在5%的显著性水平下未通过检验；括号内数值为t和F的检验值。

根据公式计算出2018年各口径下的城镇贫困线分别为：

（1）绝对贫困（衣食住）口径下的贫困线：9 527.63元；

（2）"两不愁三保障"（衣食住医疗以及教育）口径下的贫困线：14 183.13元；

（3）相对贫困（八大类消费）口径下的贫困线：18 850.42元。

表3-6　2018年农村居民人均消费支出项目回归结果

消费项目	α	β	R^2	F
food	1 856.34（0.00）	0.14（0.00）	0.97	169.67（0.00）
dress	208.07（0.00）	0.03（0.00）	0.99	491.60（0.00）
house	588.72（0.00）	0.12（0.00）	0.99	1 579.52（0.00）
med	974.95（0.00）	0.04（0.00）	0.97	182.64（0.00）
eec	551.48（0.00）	0.03（0.00）	0.96	125.57（0.00）
daily	320.17（0.09）*	0.09（0.00）	0.98	271.48（0.00）
trco	546.26（0.00）	0.04（0.00）	0.98	235.82（0.00）
other	−34.07（0.11）*	0.02（0.00）	0.99	672.32（0.00）

注：*表示在5%的显著性水平下未通过检验；括号内数值为t和F的检验值。

根据公式计算出2018年各口径下的农村贫困线分别为：

（1）绝对贫困（衣食住）口径下的贫困线：3 732.47元；

（2）"两不愁三保障"（衣食住医疗以及教育）口径下的贫困线：6 509.41元；

（3）相对贫困（八大类消费）口径下的贫困线：9 429.60元。

表3-3至表3-6中，括号中的数值为t和F的检验值，*表示在5%的显著性水平下未通过检验的项目，这可能是由于选取的样本随机波动较大导致的，但其他数据均通过了检验，同时计算的是总体消费趋势，个别数据对整体的影响较小，可以认为数据具有较好的解释意义。因此，从统计检验的角度来看，本书基于不同口径制定的贫困线是有意义的。

为与已有的贫困线对比以及为进行后续的2016年和2018年数据的纵向对比分析，本书以2010年为不变价，根据国家统计局公布的2011—2018年的我国城乡价格指数，对所测算的贫困线进行调整，得到调整后的各口径我国城乡贫困线测算结果，如表3-7所示。

表3-7　2016年与2018年调整前后不同口径下我国城乡贫困线测算结果汇总

单位：元

年份	贫困标准 项目	绝对贫困线		"两不愁三保障"贫困线		相对贫困线	
		调整前	调整后	调整前	调整后	调整前	调整后
2016	城镇	8 178.11	6 966.10	12 025.21	10 243.04	17 461.74	14 873.87
	农村	3 564.62	3 042.84	5 999.23	5 121.08	8 728.95	7 451.23
2018	城镇	9 527.63	7 815.82	14 183.13	11 634.87	18 850.42	15 463.60
	农村	3 732.47	3 080.54	6 509.41	5 372.45	9 429.60	7 782.59

由表3-8可知，根据CFPS 2016筛选出的城乡数据和相关价格指数测算得到2016年城镇的绝对贫困线、"两不愁三保障"贫困线、相对贫困线分别为6 966元、10 243元、14 874元，分别相当于城镇绝对贫困线[1]的1.17倍、1.72倍和2.51倍。2016年农村的绝对贫困线、"两不愁三保障"贫困线、相对贫困线分别为3 043元、5 121元、7 451元，分别相当于农村绝对贫困线[2]的1.03倍、1.73倍和2.52倍。根据CFPS 2018筛选出的城乡数据和相关价格指数测算得到2018年城镇的绝对贫困线、"两不愁三保障"贫困线、相对贫困线分别为7 816元、11 635元、15 464元，分别相当于城镇绝对贫困线的1.12倍、1.67倍和2.22倍。2018年农村的绝对贫困线、"两不愁三保障"

---

[1] 2016年和2018年全国城镇低保月标准分别为494.6元/月和580元/月，所以年标准分别为5 935.2元和6 956元，资料来源：中华人民共和国民政部网站。

[2] 2016年和2018年农村绝对贫困线分别为2 952元和2 995元，资料来源：《中国农村贫困监测报告》。

贫困线、相对贫困线分别为3 081元、5 372元、7 783元，分别相当于农村绝对贫困线的1.03倍、1.79倍和2.59倍。因此，从我国目前正处于绝对贫困到相对贫困的过渡时期，新贫困标准与前期标准差距不宜过大以及扶助范围与扶助力度要保持一定的平衡三方面来看，本书基于不同口径制定的贫困线是适宜的。

下面我们再具体分析以下三种不同口径的贫困线：

（1）绝对贫困线

由表3-8可知，根据2016年和2018年CFPS测算出的调整后的农村绝对贫困线分别为3 043元和3 081元，与2016年和2018年国家制定的农村绝对贫困线分别相差91元和86元，均相当于当年农村绝对贫困线的1.03倍。根据2016年和2018年CFPS测算出的调整后的城镇绝对贫困线分别为6 966元和7 816元，与2016年和2018年国家制定的城镇绝对贫困线分别相差1 030.80元和860元，分别相当于当年城镇绝对贫困线的1.17倍和1.12倍。之所以产生以上差距，是因为CFPS有关食物支出调查中涉及购买烟酒的部分，因此根据CFPS数据测算的贫困线要略高于国家制定的贫困线。而农村的住房成本要低于城镇的住房成本是导致测算出的城镇绝对贫困线与国家制定的城镇绝对贫困线差距大于测算出的农村绝对贫困线与国家制定的农村绝对贫困线差距的主要原因。

表3-8　2016年和2018年各口径下的贫困线与国家绝对贫困线的比较（取整）

贫困标准	2016年				2018年			
	城镇（元）	与城镇低保平均标准的倍数关系	农村（元）	与农村绝对贫困标准的倍数关系	城镇（元）	与城镇低保平均标准的倍数关系	农村（元）	与农村绝对贫困标准的倍数关系
绝对贫困	6 966	1.17	3 043	1.03	7 816	1.12	3 081	1.03
"两不愁三保障"	10 243	1.72	5 121	1.73	11 635	1.67	5 372	1.79
相对贫困	14 874	2.51	7 451	2.52	15 464	2.22	7 783	2.59

（2）"两不愁三保障"贫困线

由表3-8可知，根据2016年和2018年CFPS测算出的调整后的农村"两不愁三保障"贫困线分别为5 121元和5 372元，分别相当于当年农村绝对贫困线的1.73倍和1.79倍。根据2016年和2018年CFPS测算出的调整后的城镇"两不愁三保障"贫困线分别为10 243元和11 635元，分别相当于当年城镇绝对贫困线的1.72倍和1.67倍。值得注意的是，CFPS中有关食物支出调查中涉及购买烟酒的部分，教育支出调查中除了义务教育支出，还包括非义务教育支出以及文化娱乐支出，医疗支出调查中还包括保健支出，所以测算出的"两不愁三保障"贫困线要稍高于实际"两不愁三保障"贫困线。

（3）相对贫困线

由表3-8可知，根据2016年和2018年CFPS测算出的调整后的农村相对贫困线分别为7 451元和7 783元，分别相当于当年农村绝对贫困线的2.52倍和2.59倍。根据2016年和2018年CFPS测算出的调整后的城镇相对贫困线分别为14 874元和15 464元，分别相当于当年城镇绝对贫困线的2.51倍和2.22倍。虽然CFPS中有关食物支出调查中涉及购买烟酒的部分，教育支出调查中除了义务教育支出，还包括非义务教育支出以及文化娱乐支出，医疗支出调查中还包括保健支出，但这恰恰与相对贫困的内涵相契合。众所周知，随着社会的进步和生产力的提高，人类的消费需求从总体上会呈现出上升的趋势，这就是需求上升规律。需求上升规律一方面表现为国民经济运行过程中人类总需求量的上升以及对物质消费需求的上升；另一方面则表现为人类由生存型消费向发展享受型消费的转变以及对精神文化消费需求量的上升。也就是说，人们满足了基本的生活消费支出（衣食住）之后，便会转向更高层次的消费需求（医疗保健、文教娱乐、家庭设备及日用品、交通通信、其他），运用ELES模型通过以上八大类消费测算出的基本消费需求就是相对贫困内涵中提到的社会公认的生活标准，一个人的生活标准如果低于这个标准，那我们有理由认为此人处于相对贫困的状态。

本书采用扩展线性支出系统（ELES）模型测算出的相对贫困线介于沈扬扬和李实（2020）、李实等（2020）分别按欧盟标准（人均收入中位的50%）和OECD标准（人均收入中位的60%）测算出的相对贫困线之间[123, 138]。因此本书测算出的相对贫困线属于高标准下的相对贫困线。

3.3　本章小结

本章对全面建成小康社会后我国在新时期面临的扶贫工作任务进行了分析，分析表明，我国虽然已经消除了绝对贫困，但这并不意味着贫困的终结，因贫困脆弱性造成的返贫人口以及随着贫困线上调形成的新贫困人口构成了我国新时期的相对贫困人口。通过研究相对贫困的内涵、特征和成因总结得出，相对贫困是人们虽然满足了基本生存需要，但却不能满足其他基本生活需求，生活水平低于社会公认的标准，而且缺乏发展能力或者发展能力弱的一种贫困状态。相对贫困具有次生性、长期性、分散性、多维性和隐蔽性等特征。相对贫困主要是由于收入和资源分配的不平等，权利和机会被剥夺，遭受各种风险的冲击、可持续发展能力弱，与其他社会成员相比较后的主观感受和心理状态有落差等原因造成的。进一步研究了相对贫困的测度方法，基于 Deaton 的"消费是一种理论上更令人满意的度量福祉的工具"的理念，按照相对贫困线的制定原则以及我国相对贫困线测度时需要注意的事项，最终选择建立扩展线性支出系统（ELES）模型，采用实证的方法划定相对贫困线。

依照国家统计局的划分，八大类消费包括食品支出、衣着鞋帽支出、居住支出、家庭设备及日用品支出、医疗保健支出、交通通信支出、文教娱乐支出、其他支出。其中，食品支出、衣着鞋帽支出和居住支出三类基本消费需求之和是满足人类生存需要的消费支出，属于绝对贫困下的消费需求；食品支出、衣着鞋帽支出、居住支出、医疗保健支出和文教娱乐支出五类基本消费需求之和是满足我国2015年中央扶贫工作会议制定的"十三五"脱贫攻坚的扶贫标准，即"两不愁三保障"（不愁吃、不愁穿，义务教育、基本医疗和住房安全有保障）的消费支出；食品支出、衣着鞋帽支出、居住支出、家庭设备及日用品支出、医疗保健支出、交通通信支出、文教娱乐支出、其他支出八类基本消费需求之和是在满足人类生存所需的基础上，还能实现人类各方面发展的消费支出，既包括物质方面的消费支出，也包括精神方面的消费支出，这与相对贫困内涵恰好相契合，属于相对贫困下的消费需求。

依照上述三种口径的划分，采用扩展线性支出系统（ELES）得到以2010年为不变价的我国城乡贫困线测算结果（取整）为，2016年我国城镇三种口径的贫困线分别是：绝对贫困线6 966元，"两不愁三保障"贫困线10 243元，相对贫困线14 874元；2016年我国农村三种口径的贫困线分别是：绝对贫困线3 043元，"两不愁三保障"贫困线5 121元，相对贫困线7 451元；2018年我国城镇三种口径的贫困线分别是：绝对贫困线7 816元，"两不愁三保障"贫困线11 635元，相对贫困线15 464元；2018年我国农村三种口径的贫困线分别是：绝对贫困线3 081元，"两不愁三保障"贫困线5 372元，相对贫困线7 783元。结合我国2016年和2018年的国情，对测算出的2016年和2018年三种口径贫困线的合理性分别从统计学角度、经济学角度以及社会学角度逐一进行了分析。第一，以相对贫困线为例，所测算出的2016年和2018年相对贫困线通过了各项统计学检验。第二，从我国目前正处于绝对贫困到相对贫困的过渡时期，新贫困标准与前期标准差距不宜过大以及扶助范围与扶助力度要保持一定的平衡三方面来看，制定的相对贫困线是适宜的。第三，所选取的口径及结果恰恰与相对贫困的内涵相契合。根据需求上升规律可知，需求上升规律一方面表现为国民经济运行过程中人们总需求量的上升以及对物质消费需求量的上升；另一方面则表现为人类由生存型消费向发展型消费的转变以及对精神文化消费需求量的上升。也就是说，人们满足了基本的生活消费需求（衣食住）后，就会转向更高层次的消费需求（医疗保健、文教娱乐、家庭设备及日用品、交通通信、其他），运用扩展线性支出系统（ELES）模型通过以上八大类消费测算出的基本消费需求就是相对贫困内涵中提到的社会公认的生活标准，一个人的生活标准如果低于这个标准，那我们有理由认为此人处于相对贫困的状态。

最后，我们来总结一下采用扩展线性支出系统（ELES）模型测算贫困线的优缺点及给予我们启示。

采用扩展线性支出系统（ELES）模型确定贫困线不掺杂任何人为因素，不以制定者的主观意志为转移，它是自然形成的。因为在扩展线性支出系统（ELES）模型中，居民基本需求消费支出$\sum p_i q_i^0$属于内生变量，并非人们事先给定的外生变量，它可以通过扩展线性支出系统（ELES）模型对居民收入与消费的截面数据排序后进行回归计算出来。扩展线性支出系统中基本消费需求并不是一成不变的，它能自动与社会整体收入或消费水平挂钩而"水涨船高"，具有自动调整的机制，所以用其作为相对贫困线，符合经济学原理。用扩展线性支出系统中的基本消费需求确定相对贫困线的方法也比较灵活，不仅可以制定全国的相对贫困线，也可以制定城镇和农村甚至各地区的相对贫困线。

采用扩展线性支出系统模型确定贫困线的不足之处是测算出来的贫困线偏高。本章采用扩展线性支出系统模型测算出的相对贫困线介于沈扬扬和李实（2020）、李实等（2020）利用2018年CHIP数据分别按欧盟标准（人均收入中位的50%）和OECD标准（人均收入中位的60%）测算出的相对贫困线之间。

因此，本章测算出的相对贫困线属于高标准下的相对贫困线。采用扩展线性支出系统模型确定贫困线给我们的启示是，通过扩展线性支出系统模型对居民收入与消费的截面数据排序后进行回归计算出来的基本需求消费支出$\sum p_i q_i^0$，就是一国或者一个地区居民满足基本需要的生活必需品消费支出，在这里需要注意的是，满足基本需要的生活必需品可以随我们对八大类消费品的口径选择不同而发生变化，在每一个口径下计算出的 $\Sigma p_i q_i^0$ 都是唯一的，不会有第二个。在日后的拓展研究中，我们可以基于这个启示尝试在各种计量经济学方法下测算得出 $\Sigma p_i q_i^0$，从而找到最优选择。

4 消费视角下我国相对贫困线的统计测度——基于家庭等价尺度

进入相对贫困治理时期后的首要任务是划定科学合理的相对贫困线，目前有很多学者在划定相对贫困线时所使用的数据是以个体或者家庭为单位的微观调查数据，微观调查数据相对于宏观数据更能反映出贫困群体生活的真实状态和细节，有利于我们有针对性地制定公共转移支付等减贫政策，但在利用家庭人均纯收入筛选相对贫困人口时存在一些问题，因为在家庭福利层面上，家庭人均纯收入不具备完全的可比性。消费需求随着消费者年龄的不同会有所差别。例如，儿童和老年人与成年人相比，消费结构相对单一。食品、衣服等许多商品都存在规模经济效应，较大规模家庭购买食材更便宜，哥哥姐姐的衣服可以继续给弟弟妹妹穿，年轻人用过的手机可以传给老年人等。因此按照家庭成员数计算出来的家庭人均纯收入要比实际的家庭人均纯收入低，这样按照家庭成员数计算出来的家庭人均纯收入来筛选贫困人口会导致贫困程度被高估[139-140]。为了消除家庭规模经济和年龄构成等因素对家庭人均纯收入的影响，客观公正地比较不同特征家庭之间的福利，本书引入等价尺度概念。等价尺度不仅可以用来比较我国不同类型家庭的经济福利，而且对于制定相关社会福利政策也具有重要的参考价值。

4.1　等价尺度的概念及测量方法

4.1.1　等价尺度的概念

西方学者在19世纪末期便开始对等价尺度进行研究，根据不同的研究理论，恩格尔、Prais和Muellbauer对等价尺度的定义也有所区别。

（1）在介绍恩格尔等价尺度定义之前，我们先来了解一下恩格尔曲线，恩格尔曲线主要描述了商品的购买量与收入之间的关系，恩格尔（1895）基于恩格尔曲线理论便着手等价尺度的研究，研究结果显示，家庭经济状况不好的家庭在购买食物方面的支出要高于富裕家庭；如果两个家庭的支出相同，小规模家庭的食品支出比例要低于大规模家庭。因此，家庭福利可通过食品支出份额间接表示。如果两个家庭在食品份额上支出比例相同，则他们具有相同的福利水平。所以等价尺度可以定义为两个家庭在食品支出份额上的成本之比。但是，恩格尔在对等价尺度的定义中没有考虑家庭构成和规模对食品消费需求的影响，不同年龄段的人口对商品的需求是有所差异的。恩格尔对等价尺度的定义实质上是基于家庭基本生活需求。

（2）Prais（1953）将成年男子视为一个参照标准，一个家庭中增加了一名特定性别和年龄的成员后所增加的家庭支出与家庭中增加一名标准成员所增加的家庭支出的比值定义为等价尺度。Prais计算了家庭中每类成员的特定等价尺度，却忽略了家庭中存在着规模经济效应的问题。于是，Allen（1942）将两个成年人组成的家庭视为等价尺度的参照对象。Allen在研究中发现，家庭中增加一位成人时，家庭支出变化和预期判断的变化相差甚远。但是增加一个孩子后，家庭支出会与预期判断相接近，所以选择成年夫妇组成的家庭为等价尺度的参照对象，并且应当由父母和孩子组成的家庭为调查对象。随着社会经济的发展和家庭对子女教育抚养成本的不断提高，学者们在此后的研究中越来越重视抚养孩子成本和家庭成本的测量。

（3）Muellbauer（1977）在研究过程中以一对成年夫妇的家庭为参照家庭，假设家庭福利的效用函数为：

$$u = v(q, a) \tag{4-1}$$

在特定的家庭结构和价格水平下，实现家庭福利水平 u 所需的最小成本函数为：

$$c = c(u, p, a) \tag{4-2}$$

设 u^R 为参照家庭的效用水平，p^R 为参照家庭的价格向量。价格向量和人口特征向量分别由 p^R、a^R 变化为 p^t、a^t，Muellbauer（1977）把家庭最低生活成本之比称为等价尺度。

$$E = \frac{c(u^R, p^t, a^t)}{c(u^R, p^R, a^R)} \tag{4-3}$$

通过式（4-3）可知，等价尺度意味着当家庭结构和规模以及价格水平发生变化时，同一家庭在前后两个时期福利水平之比所得的生活成本指数。但是生活成本指数与等价尺度也存在差别，生活成本指数是商品和服务消费组合的报告期成本与基期成本之比，而等价尺度不仅考虑了家庭消费偏好以及整个家庭结构对消费的影响，还考虑了宏观方面的消费以及深入微观方面的研究。

综上所述，恩格尔对等价尺度的定义基于保持家庭福利水平不变的理论基础；Prais考虑到家庭成员的年龄、性别等对各类商品消费的影响，以成年男子的消费需求为参照标准，家庭中各个成员的消费水平与该参照标准对比，计算特定成员的等价尺度；Allen在研究等价尺度时，以整个家庭为参考标准；Muellbauer在Allen的基础上以一对成年夫妇组成的家庭为参照标准，结合家庭结构和规模以及各类商品的价格特征对等价尺度进行了定义。

接下来，我们利用数学公式来推导等价尺度的定义。等价尺度可以根据成本函数这个概念进行定义，即为达到某一给定参照家庭的生活水平，在商品价格不变的情况下，由于家庭规模和构成的不同，其他不同类型家庭达到标准福利水平所需的最小成本。

设 m^h 为家庭 h 所对应的等价尺度，即表示家庭 h 为了维持和参照家庭相同的福利水平所需最小成本与参照家庭所需最小成本的比例，且 m^h 只与家庭特征有关，而与价格和福利水平无关，则其一般函数形式为：

$$m^h = m(a^h) \qquad (4-4)$$

这里 a^h 为家庭的特征向量（通常 a^h 的第一个分量可以是5岁以下儿童的人数；第二个分量可以是5～13岁儿童的人数；第三个分量可以是成人的人数）于是家庭 h 的成本函数可表示为：

$$c^h(u^h, p, a^h) = m(a^h)c(u^h, p) \qquad (4-5)$$

它表示家庭在价格水平 p、人口构成 a 前提下为达到效用水平 u 必须付出的最小支出额。这里 $c(u, p)$ 为人均成本函数，即参照家庭的成本函数，对应的 $m=1$。这时等价尺度 $m(a^h)$ 便可看作成人等价数目。由上式可得等价尺度一般形式为：

$$m(a^h) = \frac{c^h(u^h, p, a^h)}{c(u^h, p)} \qquad (4-6)$$

4.1.2 等价尺度的测量方法

等价尺度测度的方法主要有三种，第一种方法是通过家庭成员所占食物份额来确立等价尺度。在对等价尺度的早期研究中，西方学者偏爱利用食物支出预算估算等价尺度。针对不同家庭规模以及家庭构成，调查为了维持原有营养需求标准所增加的成本，然后计算它们的成本比值。但该方法存在的缺陷是单一的食品支出并不能涵盖一个家庭的福利消费。第二种方法是采用问卷调查的形式，调查一个家庭中每增加一个成员，该家庭为了维持原有的福利水平应当增加多少收入。由此方法计算的等价尺度具有很强的主观随意性。而且，问卷中会涉及大量有关收入和支出的敏感性问题，被调查者填写的问卷可能会与真实的消费情况有所偏差，估算的等价尺度无法对实际情况进行拟合。第三种方法是利用家庭消费行为的实证研究估算等价尺度，即研究每个家庭的各类消费支出。该方法几乎利用了家庭消费的全部信息，能够反映不同家庭中各个成员的福利水平。同时可以估算出家庭中各类成员对特定商品的等价尺度，并且能够利用估算的等价尺度对家庭福利水平进行拟合，政府在制定重大的福利政策时，可以利用特定的等价尺度，针对具有不同特征的人口制定差异化的福利政策。目前主流的研究主要是通过第三种方法计算等价尺度。

4.2 等价尺度的文献综述

通过对文献的梳理，从中可以发现无论是国内还是国外的学者在研究等价尺度时，主要有四个方面的应用。一是利用模型估算不同结构和规模家庭各成员的等价尺度；二是通过等价尺度测算儿童的抚养成本；三是利用等价尺度比较各阶段人群的福利水平，在国家的宏观政策中差异性地对各阶段人群进行福利补贴或征收个人所得税；四是利用等价尺度调整家庭收入，测度各国的贫困线或贫困发生率。

1.利用模型估算不同结构和规模家庭各成员的等价尺度

Hourriez 和 Olier（1997）利用等价尺度来比较法国不同结构家庭的生活水平[141]。因此，提出了一个等价尺度量表，其中第一个成年人按照一个消费单位计算，每个额外的成年人按照0.5计算，儿童按照0.3计算。与统计学家通常使用的牛津量表（Oxford scale）相比，该量表更好地解释了家庭成员所享有的规模经济。在牛津量表中，每多出一个成年人占0.7，每个儿童占0.5。但是，它的公式仍然过于笼统，不能很好地解释诸如儿童抚养费用等问题。其他学者的研究表明，儿童的抚养费用在过去十年中保持稳定。而且该方法估计的结果显示，儿童支出将占到无子女夫妇家庭预算的20%~30%。Zhao（1997）将人口统计学变量纳入需求模型，尝试解释家庭内部人与人之间的相互作用。其基于等价尺度模型所估计的支出弹性更接近实际情况，用拉格朗日插值多项式推导出家庭等价尺度。然后在 Deaton 和 Muellbauer 模型的基础上推导出家庭等价尺度的经验模型[142]。Donaldson 和 Pendakur（2006）认为，一些家庭支出（维持生计或基本生活需要的支出）是固定不变的。利用等价尺度模型，可以计算出不同规模和结构家庭固定成本。一个家庭的等价支出是指家庭中每个成员可以达到参照家庭（如一个成年人组成的家庭）福利水平所需的支出，家庭的等价尺度是支出与等价支出的比率。Donaldson 等利用加拿大消费者生活需求的微观数据，提出了考虑固定成本差异的等价支出函数。结果表明，在商品价格不变的情况下，等价支出函数的截距和斜率随家庭规模的增大而增大[143]。Balli 和 Tiezzi（2010）以 1997—2004 年每月经常有支出项目的 43 701 个观测家庭为样本，利用需求系统估计了 10 种商品支出份额。通过计算各商品的补偿弹性、未补偿弹性和支出弹性，分析了家庭的消费行为。通过考虑家庭组成（儿童数量）、地理位置（意大利四个不同的宏观地区）和家庭就业人数等三个因素估算意大利拥有不同人口数家庭的等价尺度。结果表明，以一对夫妇和一个孩子的家庭为例，生活在西北部的家庭等价尺度为 1.05、东北部为 0.94、中部为 1.07、南部和岛屿为 1.14[144]。Dale 和 Daniel（2012）提出了按人口统计特征细分的美国家庭等价尺度的估计值。其利用体现总消费行为的计量经济学模型，通过时间序列和截面数据相结合的方式估计了该模型的参数，再根据不同的家庭规模、户主年龄、地区、种族以及户籍情况对居民分别赋予估计值。进一步针对能源、食品、消费品、资本服务和其他服务五个不同的商品类别，提出了商品特定量表[145]。霍鑫颖（2012）利用 Muellbauer 等价尺度模型采用天津市城镇居民调查数据估计等价尺度，以此分析家庭拥有的不同特征对家庭消费的影响。结果显示，孩子的各类商品所对应的等价尺度相对较高，可以看出，天津市家庭对孩子的教育和抚养极其重视，符合我们中国的传统文化。而对于老年人，食品和衣着类商品等价尺度相对较高，老年人的消费趋于理性[146]。Ulman（2012）用恩格尔系数法、扩展线性支出系统（ELES）模型和伯努利（Bernoulli）福利函数估计了三种等价尺度，根据不同结构和规模家庭维持基本生活费用与参照家庭费用的差异，对波兰家庭的生活成本进行了比较。通过对等价尺度比较，发现扩展线性支出系统模型和伯努利福利函数方法得到的结果与用恩格尔系数方法得到的结果相似[147]。例如，通过三种方法计算出来的 15～64 岁女性成员等价尺度依次为 0.60、0.70、0.60。Hasan（2016）提出了一个估计等价尺度的简单方法，其利用恩格尔模型分析了单个横截面上的数据——家庭消费支出数据，其中预算份额是二次项的收入对数（QL）。该方法分两步来估计等价尺度，该方法不需要统计人口属性，更重要的是，该方法也不需要用大量计算来估计需求系统。而且这种方法可以纳入任意结构和年龄的组群中进行研究。当该方法被应用于一个 0～17 岁儿童组群时，从 ESE 假设的有效性检验中可以看出，广义等价尺度与收入呈负相关，男孩的花费比女孩少[148]。Biewen 和 Juhasz 等（2017）探讨了一种直接利用收入满意度数据估计家庭等价尺度的方法。这种方法不同于以往使用满意度数据估计等价尺度的方法，它不需要计算多余的参数。该方法还考虑了家庭的具体情况，如家庭成员对收入的依赖性以及家庭构成信息。最终研究结果表明，不同类型的家庭对收入的依赖性存在根本性差异，没有子女的多成人家庭规模经济效应呈下降趋势[149]。Bütikofer和Gerfin（2017）利用财务满意度数据，基于等价尺度模型估计了家庭成员之间的共享规则和规模经济。结果表明，家庭成员因共同生活产生的规模经济相当可观，可以节省很多生活成本。此外，妻子平均获得50%的家庭资源，女性所占有的资源份额会随着男女工资比例的增加而增加[150]。李国景和陈永福（2018）基于成人等价尺度模型对我国城镇中少子老龄化的家庭与食物消费的关系进行了实证研究。结果表明，家庭类型为拥有独生子女的家庭在食物支出方面成人的等价尺度相对较高，60~65岁老人在食物支出方面的等价尺度先增后减，65岁以后逐年下降[151]。

2.利用等价尺度测算儿童的抚养成本

Phipps（1998）在研究中提出了这样的问题："需要多少收入才能让所有生完孩子后的家庭成员维持其在没有孩子时的生活水平？"为了解答此问题，他使用完全需求系统估计了加拿大双亲家庭等价尺度。该方法计算所得的等价尺度有3个优点：第一，该方法完全以经济理论为基础；第二，可以在不忽略儿童本身福祉的情况下估算儿童所需的费用；第三，与现有文献中的其他估计值相比，所获得的估计值似乎更符合实际情况[152]。刘锡龙等（2003）提出的等价尺度经常被用来衡量具有特定人口构成的家庭幸福感，并能够提供关于拥有一个孩子的家庭需要多少额外支出才能达到与无子女夫妇参照家庭相同福利水平的信息。其利用台湾1989—1998年的家庭调查资料，采用完全需求系统方法，在不变参数模型和扩展参数模型的基础上度量等价尺度。研究结果显示，用扩展参数模型得到的估计值比用不变参数模型得到的估计值更接近实际情况。一个家庭抚养第二个孩子的边际成本增加，抚养三个及以上孩子的边际成本降低。Polin（2004）基于等价尺度估计了具有相同收入和社会特征的家庭因抚养一个孩子需要多少额外的预算。在研究过程中找到了一种不同于以往的方法来估计抚养儿童的成本，这种方法不需要家庭福利比较和偏好假设。利用1997年意大利家庭预算调查数据进行研究，结果表明，家庭消费支出与子女人数之间存在正相关关系，每月抚养孩子的边际成本等于家庭每月平均收入的9%。第一个孩子的支出增加了11.5%，第二个孩子增加了10.6%，第三个孩子增加了6.7%。这突出了有两个孩子的家庭存在适度的规模经济，而有三个孩子的家庭则更具规模经济[153]。Oyama（2006）为了检验日本最近生育率下降是否由抚养费用增加而引起的，对育儿成本进行了估算。根据传统的罗斯巴斯（Rothbarth）模型估计结果可知，在日本抚养孩子的成本不是很高。然而，使用"收入满意度"估算的等价尺度作为衡量标准显示，抚养孩子的成本远高于罗斯巴斯模型估算的成本。通过比较发现，后一种测度方法更具有优势。于是其利用日本家庭的面板数据计算儿童等价尺度，结果显示0～6岁为1.13、7～13岁为1.13、14～18岁为1.258。日本的育儿成本比人们认为的要高得多，这可能是导致生育率下降的原因之一[154]。Selim和Kaya（2018）通过等价尺度模型估计土耳其不同收入水平家庭的儿童抚养成本，并提出了伊斯兰国家最新的商品构成。具体过程是，其使用2003年、2007年和2014年的家庭预算调查微观数据，根据恩格尔模型计算出各年龄段的等价尺度，以6～14岁儿童为例，2003年为1.20、2007年为1.18、2014年为1.15。结果表明，土耳其2003—2014年的儿童抚养成本呈现出下降趋势，恩格尔模型的估计结果符合中、高收入水平的家庭情况。而利用罗斯巴斯模型计算出的儿童等价尺度以2017年为例，0～5岁为1.27、6～14岁为1.10，估计结果对中、低收入水平的家庭具有重要的参考价值[155]。刘娜等（2020）利用恩格尔（Engel）和罗斯巴斯（Rothbarth）两种模型，以没有孩子的两个成人组成的家庭作为参照标准，测度中国的育儿成本。结果显示，对拥有两个孩子的家庭使用两种模型计算得出的等价水平分别为2.39、2.50，二孩家庭总支出提高139.28%～149.99%，二孩抚育成本并未显现出"规模经济"[156]。

3.通过等价尺度比较不同阶段的人群福利或差异性地征收个人所得税

Lancaster和Ray（1998）提出等价尺度是福利比较中非常重要的一个参数。探讨了模型和估算方法的选择以及商品类别对估计等价尺度的影响。根据需求系统估计的等价尺度通常介于恩格尔和罗斯巴斯模型估计的结果之间。其利用澳大利亚的数据，以一对夫妇和一个孩子组成的家庭为例采用AIDS、Engel模型计算的食物支出等价尺度分别为1.08、1.21、1.06，这个数值恰好介于上述两个模型估计的结果之间。研究结果还表明，采用二次需求模型，广泛应用于需求分析，可能导致过高估计儿童抚养成本[157]。Klavus（1999）认为，在比较不同类型家庭的福利时，收入与需求之间的不一致会对福利评估产生严重的误导性。等价尺度通常根据家庭支出数据进行估算，这些数据使其与涉及现金收入的福利调整相一致。但是，如果福利分析扩展到现金收入之外的经济利益，则必须调整等价尺度，以考虑与特定福利形式有关的需求。Klavus（1999）推导了基于公共卫生服务需求的等价尺度，研究结果清楚地揭示了在比较非现金转移的福利中考虑健康状况、家庭规模和年龄的重要性[158]。Francoeur（2002）介绍了利用收入等价尺度调整家庭收入以反映不同家庭的家庭规模经济效应，并给出了一个新的应用程序（IES），用于计算根据家庭收入和家庭规模经济调整的居民自付医疗费用。在这个新的应用程序中，癌症复发患者的自付医疗费用将根据家庭规模和收入的差异进行调整，并纳入家庭经济压力指数之中。研究结果表明，老年人可能会因医疗护理而产生高昂的自付费用，从而放弃其他非常重要的生活需求，如充足的食物、热量、水电费、住房和交通费用等[159]。Berloffa等（2003）利用人的健康状况、老龄化与财富调查（SHAW）从个体层面研究健康状况与经济福利的关系，衡量的是家庭中健康状况不佳成员的福利成本。在这一研究中，除了收入和健康状况外，家庭的经济决策也与健康状况直接相关，如与健康相关的费用支出决策。具体计算时是通过估计一个需求系统并控制其他变量，估算出基于卫生支出的等价尺度。按照家庭卫生等级，等价尺度的估计结果依次为1.39、1.29、1.25、1.15、1。结果表明，健康方面的不平等导致家庭损失了大量的福利，有的家庭因为家庭成员患病变得更加贫穷[160]。Reynoso（2003）在传统人力资本理论的背景下，采用墨西哥家庭收入和支出调查（ENIGH）的微观数据并根据经合组织的等价尺度加以调整，对墨西哥的教育绩效进行了评估，并对其在1984—2000年的演变进行了分析。在分析过程中，收入差距按教育水平进行分类，同时估计了教育的回报率。最终结果表明，受过高中及以上教育的群体工资增幅最大，自20世纪80年代以来，各行业对更多专业人员的需求相对增加，导致受过高等教育的职业群体和未受过高等教育的职业群体之间的工资差距逐步扩大[161]。Lambert（2003）在欧盟成员国家的所得税制度中引入了等价尺度，使用恰当的"等效收入函数"来判断欧盟成员国家的税收制度是否公平。结果表明，对欧盟成员国家采取差别比例税收制度可能是公平的，因为在不平等程度较低的国家，统一税率会造成不同群体之间的收入差距更大[162]。Olken（2004）将估算的等价尺度用于政府对贫困家庭的福利分配政策中。他将该方法应用于印度尼西亚的一个大米补贴项目。在该项目中，村庄指定了项目受益者，并估计了该项目受益者的家庭等价尺度。研究发现，与传统基于需求的等价尺度相比，这个项目估算的等价尺度更接近于人均支出，尤其是在最贫穷的社区。这表明在福利分配时，人均支出可能比以前基于需求估算的等价尺度更接近贫困家庭的实际情况。Rojas（2007）认为，在对不同规模和结构家庭中成员的福利比较时，等价尺度是一个不可或缺的角色。比如，确定贫困线、计算贫困率和估计收入差距等。尽管等价尺度对国家制定的经济政策具有重要意义，但目前只有发达国家在进行这方面的实证研究，并且传统的估算方法因其在福利比较方面的局限性而受到批评。Cronin等（2012）利用等价尺度来调整家庭收入，根据调整后的家庭收入制定差异性的税收政策。研究发现，采用调整后的家庭收入能更准确地衡量各个家庭的支付能力。此外，家庭收入的调整也会影响某些税收支出，包括住房抵押贷款利息、各种信贷以及2001年以来颁布的各种减税政策相关的税收福利分配[163]。刘茜茜（2016）以家庭为研究单位，利用等价尺度模型计算不同规模家庭8大类商品的等价尺度，之后利用等价尺度对人均消费进行调整。研究结果表明，由一对夫妻构成的家庭扣税基准为39 936元，一对夫妻加1个孩子和2个老人家庭的扣税基准为60 052元。国家在征收个人所得税时应当充分考虑家庭结构以及家庭成员的个人特征，可以在一定程度上减轻居民的税收负担[164]。

4.利用等价尺度测度贫困线和贫困发生率

Vos和Zaidi（1997）利用欧洲共同体成员国家庭预算调查的微观数据，检验了选择不同的等价尺度对贫困发生率的影响。研究结果表明，当使用经合组织等价尺度时，各国在总体贫困发生率方面的排名几乎不受影响。然而，当使用各国根据本国国情制定的等价尺度代替经合组织等价尺度时，贫困人口的构成比例会发生相当大的变化。另外，利用修订后的经合组织等价尺度可以发现在英国和荷兰单身家庭的贫困发生率下降幅度最大；选择不同的等价尺度会对特定家庭的贫困发生率产生很大的影响，如单身老人家庭和有子女的家庭[165]。Barnea和Dvir（2000）提出目前以色列使用的等价尺度是在30多年前采用恩格尔方法估计的，该方法缺乏坚实的理论基础，并且容易产生向上偏差的估计。因此，按照西方标准，以色列家庭消费的规模回报率相当低。艾尔·德维尔根据以色列的数据估计了一个新的等价尺度，使用的方法是计算父母分配给儿童的消费占总支出的比例。结果表明，以色列家庭消费存在较大的规模效应，以色列的贫困状况也相应地发生了变化：单身老年人和老年人夫妇在贫困人口中所占比例较大，总体来说，以色列贫困人口在增加[166]。Blacklow和Ray（2000）利用澳大利亚个人调查数据，比较了1975—1976年和1993—1994年收入和支出的不平等。这项研究发现，在这两个时间段的大部分时间内，这两种不平等存在不一致性。当按照人口特征将家庭划分为不同类型时，"群体内"不平等占主导地位。其利用四种模型分别计算了不同规模家庭的等价尺度。结果表明，等价尺度对不平等估计有很大影响，而生活成本指数对不平等估计几乎没有影响[167]。Menirav（2002）基于1997年以色列家庭支出调查数据，探讨了经济福利变量、等价尺度和采用的加权比重对贫困人口识别的影响。研究表明，经济福利变量、等价尺度和加权比重的选择对贫困指数的取值和贫困人口的识别具有较大的影响。王德睦（2003）认为，贫困线是一个非常实用而且被广泛使用的指标，它是衡量个人、群体、家庭、区域和一个时间段内的经济福利指标。此外，它也可作为国家制定政策的标准，从而使我们更清楚地认识到需要政府干预以满足弱势群体的基本需求。Duclos 和 Makdissi（2005）认为，在比较不同地区的贫困情况时，研究人员必须选择适当贫困线来确定贫困人口，用等价尺度来比较不同组成和规模的家庭，将个人的贫困指数汇总成总贫困指数。利用卢森堡收入研究数据库进行实证分析，结果表明，芬兰的贫困程度比美国低，芬兰与英国相比贫困范围广，加拿大的贫困发生率明显高于芬兰[168]。Creedy 和 Sleeman（2005）考察了成人等价尺度对不平等和贫困测度的影响。考虑到规模经济效应，给儿童单独增加了比重。结果表明，等价尺度的参数选择以及研究样本的选择对新西兰的不平等和贫困有一定的影响。儿童的权重越小，规模经济效应越高。较高的等价尺度在所有情况下都会增加全国范围内的贫困。进一步将新西兰、澳大利亚和经合组织设计的等价尺度应用于新西兰的数据中，并对所得的不平等和贫困指标进行了对比。结果表明，在选择成人等价尺度时需要慎重，在研究某一地区不平等和贫困时通常只使用一种等价尺度[169]。Elteto 和 Havasi（2005）介绍了等价尺度的理论基础，研究了等价尺度的选择对收入分配和各种收入不平等测度的影响。根据作者的观点，一个国家或者一个地区的等价尺度在很大程度上取决于该国或者地区的现实情况，因此无法构建一个全球性的、普遍适用的等价尺度。选择不同的等价尺度可能对某些社会群体有利，而对其他群体不利。例如，利用 OECD 等价尺度量表对匈牙利居民家庭的贫困情况进行实证分析，结果表明，根据匈牙利国情设计的量表与 OECD1 量表相当相似，而与 OECD2 量表相差甚远。OECD2 量表与匈牙利贫困以及多维贫困指标的联系不是很密切[170]。Chen（2006）认为，我国经济体制改革和企业改制计划的实施导致国有企业下岗职工成为城市新的贫困群体，所以需要根据新加入的贫困群体测算更加准确的贫困线。等价尺度可用于推导不同地区不同结构和规模家庭的贫困线，非常适用于这一问题。因此，可利用中国城市住户调查（UHS）数据，对中国城市居民家庭的等价尺度进行估计。研究结果为不同人口构成特征的家庭贫困线计算提供了有益参考[171]。谢煊等（2006）基于等价尺度模型并结合最低需求法计算出我国不同规模家庭的绝对贫困线，城镇家庭单身一人的绝对贫困线为 2 363 元，夫妻二人加一个孩子的贫困线为 4 611 元。利用不同结构和规模家庭制定的贫困线，可以筛选出不同类型的贫困家庭，然后基于不同贫困家庭的特点制定出相应的社会保障政策。Braithwaite 和 Mont（2008）指出，残疾和贫困有着错综复杂的相互关联的因果关系。由于缺乏数据支持以及测算残疾额外成本非常困难，很少有人估计残疾对贫困的影响，因此有必要将有残疾成员的家庭单独划分贫困线。将 Zaidi 和 Burchardt 方法应用于波黑和越南的数据，结果表明，以往制定的贫困线忽视了家庭成员残疾问题对贫困的影响，之前越南的贫困率总体上为13.5%，而残疾家庭的贫困率略高，为16.4%。然而，如果再将残疾额外成本计算在内，我们发现有残疾成员家庭的贫困率会跃升到20.1%。没有残疾成员家庭的贫困率没有受到影响，但有残疾成员家庭的贫困率较高，使越南的总贫困率上升至15.7%。通过进一步测算发现，波黑的结果更为明显，14%的残疾额外费用使残疾家庭的贫困率从21.1%（未经调整）提高到30.8%，总体贫困率从未经调整的19.5%上升到22.4%。利用等价尺度模型计算残疾家庭成员等价尺度并对残疾额外成本进行调整，调整后的贫困线使得以前未进入贫困行列的残疾人家庭进入了贫困行列，他们因此享受到了政府的扶贫政策，提高了生活水准[172]。Cockburn等（2009）认为贫困是一个涉及个人的概念。然而，最常见的贫困指标是在家庭一级衡量的，然后简单地除以家庭成员的数量得出个人贫困指标。这个前提假定是所有家庭成员都能平等地分享经济福利，但对于儿童来说，父母可能会为了自己的利益牺牲孩子部分资源。另外，作为一种生存策略，一些父母可能会牺牲孩子中最弱的一个。为了验证以上的说法，利用最近孟加拉国的一项创新性调查，引入家庭成员特定的等价尺度来阐明两个问题。一是家庭内部额外预算在减轻或加剧儿童贫困方面发挥了什么作用？二是在衡量儿童贫困时，由于不考虑家庭内部分配而导致的计量误差有多大？分析表明，家庭内部分配并不总是公平的，忽视分配维度会导致贫困的测量和识别错误。按照标准的贫困假设来分析，我们发现：第一，有相当数量的贫困儿童生活在非贫困家庭，也有相当数量的非贫困儿童生活在贫困家庭。第二，如果仅仅依靠家庭一级的数据，儿童贫穷程度约有55%的低估误差[173]。Judith Streak（2009）提供了南非儿童贫困发生率随成人等价尺度变化而变化的证据，并根据2005年和2006年收入和支出调查数据重新评估了南非儿童的贫困状况。将贫困线设定为采用不同成人等价尺度量表（AES）计算的第40个百分位家庭，不同年龄的儿童、女孩与男孩、种族群体以及农村与城市地区儿童的排名不受AES的影响。尽管一些省级贫困人口指标排名受到影响，但在整个范围内，被正确认定为贫困的儿童和家庭比例极高。这些研究结果支持了这样一种观点，即在南非，使用基于人均福利的贫困线可能是恰当的。在评估儿童贫困状况时，以人均收入作为福利指标，贫困线定在第40个百分位家庭。这一概况表明，即使将儿童抚养补助金向有贫困儿童的家庭大量转移之后，儿童贫困发生率依然比成人贫困发生率高。儿童贫困人数、贫困程度和严重程度在0～4岁的儿童中最高，在15～17岁的儿童中最低。分析还强调了政府在与贫困做斗争时优先考虑儿童的重要性，特别是在儿童早期。Quintana和Malo（2012）分析了残疾人对贫困动态的影响。首先提出根据家庭中患有严重残疾的成年人数量对修正后的经合组织等价尺度进行调整，并用该残疾调整量表计算贫困发生率。另外，讨论了计量经济学模型中贫困概率的附带参数问题，并将残疾对贫困的短期和长期影响分开。结果表明，总贫困率在加入残疾因素后没有显著变化，残疾人家庭的贫困率提高了17～24个百分点。残疾对贫困影响在短期和长期是不同的，长期影响是短期影响的3倍左右[174]。Kalbarczyk等（2017）采用欧洲联盟2005—2012年家庭收入和生活支出的数据，计算波兰等价尺度，并与东欧和西欧的等价尺度进行比较。在研究过程中，作者还考虑到维持最低生活需要的收入问题，控制收入和家庭结构两个变量应用OLS回归来估计贫困率。调查结果显示，2005—2012年，欧元区的等价尺度是不变的，而中东欧国家等价尺度则不太稳定。中欧和东欧国家的儿童抚养成本相对于增加一名成人所带来的成本要高于欧元区国家，贫困率低于经合组织的贫困率。但例外的是拉脱维亚、爱沙尼亚和保加利亚三个国家[175]。黄金玲和廖娟（2018）基于等价尺度模型对家庭残疾人员赋予权重，结果表明，无论在哪种贫困线下，有残疾人家庭的贫困率较未调整前都提高了20%，并将整体的贫困率提高了17%～20%。建议国家对残疾人家庭制定相应的社会保障制度，实现对残疾人家庭差异性的扶贫政策[176]。Erus（2020）研究有关测算贫困线的文献发现，选择不同的等价尺度对测算出的贫困标准是有影响的。此项研究的目的是通过估算土耳其居民家庭的不同等价尺度来考察其对贫困发生率的影响以及随时间的推移贫困还会发生哪些变化。为此，文章使用了家庭预算调查微观层面的数据，并计算了不同等价尺度下的贫困发生率。结果表明，贫困发生率随等价尺度参数的不同而显著不同。随着时间的推移，贫困发生率会随着绝大多数等价尺度参数值的变化而变化[177]。

综上所述，在使用等价尺度进行贫困测度的众多文献中，大都采用以下两种方法。第一种方法是以Zhang和Wan（2006）为代表的学者们使用等价尺度调整贫困线，而不调整每个家庭的收入。具体来说，就是用等价尺度按照不同家庭规模把贫困线分别测算出来，然后再把每个家庭的收入与用等价尺度根据家庭规模测算出来的贫困线进行比较，低于贫困线者则视为贫困[178]。第二种方法与第一种方法恰好相反，使用这种方法的学者较多，代表性的有Osberg和Kuan（2008）[179]，Gravemeye等（2010）[180]，宋扬和赵君（2015）[139]，周玉龙等（2017）[140]，韩秀兰和张楠（2019）[181]，卢洪友和杜亦谭（2019）[9]等，学者们在研究时调整每个家庭的收入，而不调整贫困线。也就是认为贫困线是客观存在的，将其固定，使用等价尺度把每个家庭的人均收入进行调整，得到每个家庭具有可比性的人均收入，然后再把调整后的人均收入与给定的贫困线进行比较,低于贫困线者则视为贫困。宋扬和赵君(2015)[139]认为这两种方法在本质上是一样的,没有优劣之分。本书在使用等价尺度测度相对贫困时采用第二种方法。

另外,目前大多学者利用模型估算不同结构和规模家庭各成员的等价尺度时主要是针对成人和儿童。而利用等价尺度调整家庭收入,测度贫困线或贫困发生率时都是基于一国或者一个地区。本书认为,应考虑中国家庭生活方式和年龄结构与西方的差异,需进一步计算老年人口的等价尺度。另外,鉴于城镇贫困和农村贫困的成因、程度都有很大的不同,本书认为,应该分别测算城镇和农村家庭的等价尺度。

在测算我国分城乡家庭的儿童、成人和老年人的等价尺度以前,我们通常做一些前提假设(Zimmerman et al.,2004)[182]。一是家庭成员之间共享收入;二是家庭成员之间共享消费,每个家庭成员都有分享平等的经济福利的权利;三是当家庭成员不止一位时,家庭成员会共享家庭资源,这便产生了规模经济,所以直接使用家庭人均纯收入来衡量家庭成员福利水平不准确;四是儿童和老年人相比成年人消费较少。

4.3 我国家庭等价尺度的估计

4.3.1 模型与测度方法简介

本书参考了万相昱(2015)基于Muellbauer模型的模式,采用Stone-Geary的家庭消费效用函数,根据扩展线性支出系统(ELES)对消费进行分类的等价尺度测算模型。万相昱(2015)指出,在测算等价尺度时主要考虑两个方面,一是家庭消费的规模经济效应;二是不同年龄段的家庭成员消费结构是有区别的。

基于以上两方面的考虑,首先,依据Muellbauer(1975)的研究建立家庭效用函数模型:

$$u = u\left(\frac{q_1}{m_1}, \frac{q_2}{m_2}, \dots, \frac{q_n}{m_n}\right) \tag{4-7}$$

其中,q_i是第i种商品的消费数量,m_i是家庭构成的函数。

式(4-7)变换成矩阵形式为:

$$u = u(m, q) = u(m_d^{-1}q) \tag{4-8}$$

其中，$q = (q_1, q_2, \cdots, q_r)^T$，是 n 种商品的消费量列向量，$m = (m_1, m_2, \cdots, m_r)^T$ 则表示家庭构成参数的列向量，是 m_d^{-1} 是主对角线元素为 $1/m_i$、其余元素为零的对角线矩阵。

为明确式（4-8），根据 Stone-Geary 型家庭消费效用函数，假设：

$$u(m_d^{-1}q) = \beta^T \log[m_d^{-1}q - r] \tag{4-9}$$

其中，$\beta = (\beta_1, \beta_2, \cdots, \varsigma_n)$，分量 β_i 是商品 i 消费份额的边际预算，满足 $l^T\beta = 1$，l 是单位元素构成的向量，即 $\sum \beta_i = 1$；$r = (r_1, r_2, \cdots, r_n)$，其分量 r_i 表示用于维持生活的商品 i 的基本消费需求量，$r_i \geqslant 0$；效用函数中 $\log[m_d^{-1}q - r]$ 为 n 维向量，其第 i 个分量为 $\log[\frac{q_i}{m_i} - r_i]$。

预算约束条件为：

$$v = p^T q \tag{4-10}$$

其中，v 表示家庭总支出，$p = (p_1, p_2, \cdots, p_n)$ 是 n 种家庭消费商品的价格向量。

则在预算约束条件下，可以求解式（4-9）所代表的家庭效用函数最大化值：

$$\begin{cases} \text{Max} u(m_d^{-1}q) = \beta / \log[m_d^{-1}q - r] \\ s.t. v = p^T q \end{cases} \tag{4-11}$$

根据拉格朗日定理有：

$$L_{q_i}^T(q_1, q_2, \cdots, q_n) = \beta_i \frac{1}{q_i - m_i r_i} - \lambda p_i = 0 \qquad i = 1, 2, \cdots, n \tag{4-12}$$

$$L_\lambda^T(q_1, q_2, \cdots, q_n) = v - p^T q = 0 \tag{4-13}$$

解得

$$\beta_i - \lambda p_i q_i + \lambda p_i m_i r_i = 0 \qquad i = 1, 2, \cdots, n \tag{4-14}$$

将式（4-12）转化为矩阵形式：

$$\beta - \lambda P_d q + \lambda P_d m_d r = 0 \tag{4-15}$$

其中，P_d 为对角阵，对角线元素全部为 $(p_1, p_2, \cdots, p_n)$。

进一步得：

$$P_d q = \beta \frac{1}{\lambda} + \lambda P_d m_d r \tag{4-16}$$

对式（4-14）两边同乘以向量 l，有：

$$1 - \lambda P^T q + \lambda p^T m_d r = 0 \tag{4-17}$$

$$\frac{1}{\lambda} = v - p^T m_d r \tag{4-18}$$

将其代入式（4-14）得：

$$P_d q = \beta(v - p^T m_d r) + P_d m_d r \tag{4-19}$$

该式表示受家庭年龄构成影响的消费方程组。对于标准家庭而言，当 $m=l$ 时，该方程就是扩展线性消费系统（ELES）。

进一步转化为下式：

$$v = \alpha x + (1 - \alpha) p^T m_d r \tag{4-20}$$

α 是边际消费倾向，x 是家庭收入，$p^T m_d r$ 为家庭基本消费需求。

线性变换式（4-16），将式（4-17）代入有：

$$m_d^{-1} q = r + m_d^{-1} p_d^{-1} \beta [ax + (1 - a) p^T m_d r - p^T m_d r] \tag{4-21}$$

代入式（4-10）有：

$$u(x, m) = \beta^T \log[m_d^{-1} p_d^{-1} \beta (\alpha x - \alpha p^T m_d r]$$
$$= \log\alpha + \log(x - p^T m_d r) - \beta^T \log m - \beta^T \log p + \beta^T \log\beta \tag{4-22}$$

假定标准家庭 $m = l$，即所有 $m_i = 1$，家庭的间接效用函数则为：

$$u(x^*) = \log\alpha + \log(x^* - p^T r) - \beta^T \log p + \beta^T \log\beta \tag{4-23}$$

x^* 为标准家庭收入。令式（4-22）表示的目标家庭的效用函数与式（4-23）表示的标准家庭的效用函数相等，则：

$$\log\alpha + \log(x - p^T m_d r) - \beta^T \log m - \beta^T \log p + \beta^T \log\beta$$
$$= \log\alpha + \beta^T \log m - \beta^T \log p + \beta^T \log\beta \tag{4-24}$$

$$\log\alpha + \log(x - p^T m_d r) - \beta^T \log m - \beta^T \log p + \beta^T \log\beta$$
$$= \log\alpha + \log(x^* - p^T r) \beta^T \log p + \beta^T \log\beta \tag{4-25}$$

$$\log \frac{x - p^T m_d r}{x^* - p^T r} = \beta^T \log m = \log \prod_{i=1}^{n} m_i^{\beta i} \tag{4-26}$$

有：

$$x - p^T m_d r = \left(\prod_{i=1}^{n} m_i^{\beta^i}\right) (x^* - p^T r) \tag{4-27}$$

$$x = \left(\prod_{i=1}^{n} m_i^{\beta^i}\right) (x^* - p^T r) - p^T m_d r \tag{4-28}$$

或者：

$$x^* = \frac{x - p^T m_d r + \left(\prod_{i=1}^{n} m_i^{\beta^i}\right) \cdot p^T r}{\prod_{i=1}^{n} m_i^{\beta^i}} \tag{4-29}$$

上式是当家庭效用不变时，将目标家庭收入转换为标准家庭收入的公式。

另有：

$$\frac{x}{x^*} = \prod_{i=1}^{n} m_i^{\beta^i} + \frac{1}{x^*} \left[p^T m_d r - \left(\prod_{i=1}^{n} m_i^{\beta^i}\right) \cdot (p^T r)\right] \tag{4-30}$$

上式为目标家庭与标准家庭收入的换算式，用其估计目标家庭的等价收入。

在估计方程时，首先依据家庭成员的年龄构成将家庭消费、收入等数据分组，

第 j 组家庭的总消费记为 v_j，而第 j 组家庭第 i 种商品的消费记为 v_{ij}，则有：

$$v_j = \alpha_j x_j + (1 - \alpha_j) \sum_{i=1}^{n} p_i m_{ij} r_i \qquad (4\text{-}31)$$

$$v_{ij} = p_i m_{ij} r_i + \beta_{ij}(v_j - p_i m_{ij} r_i) \qquad (4\text{-}32)$$

其中令 $\lambda_j = (1 - \alpha_j) \sum_{i=1}^{n} p_i m_{ij} r_i$，$\eta_j = \sum_{i=1}^{n} p_i m_{ij} r_i$ 表示第 j 组家庭的基本消费。m_{ij} 表示第 j 组家庭关于第 i 种商品的规模参数。

基于式（4-31）进行线性回归，可以估计出 α_j 和 η_j，再将 η_j 代入式（4-32），估计 $p_i m_{ij} r_i$ 和 β_{ij}。用 Δ_{ij} 表示非标准家庭 $p_i m_{ij} r_i$ 的估计值，Δ_i 表示标准家庭 $p_i m_{ij} r_i$ 的估计值，而由于标准家庭 $m_{ij} = 1$，于是非标准家庭 m_{ij} 的估计值是 Δ_{ij} / Δ_i。而将 m 和 β 估计值代入式（4-30）就能够获得目标家庭相对于标准家庭的等价收入。

家庭总收入 x 与其净等价收入 x^* 的比值即家庭的等价规模 F。由式 $m = \sum m_i \alpha_i$ 建立如下模型：

$$F = 1 + \sum f_i c_i + \varepsilon \qquad (4\text{-}33)$$

其中，c_i 表示具有第 i 类年龄人口的数量，f_i 为该年龄人口的规模权重，为我们所求。

万相昱（2015）基于 Muellbauer 模型的模式，采用 Stone-Geary 的家庭消费效用函数，根据扩展线性支出系统（ELES）模型对消费进行分类的等价尺度测算符合经济学原理，简便易行，适用性强，适合将其应用于我国家庭等价尺度的测算。

4.3.2 数据与指标描述

为与上一章测算出的相对贫困线衔接，并为后面章节的公共转移支付减贫效应研究做好铺垫，本章依然采用 2016 年和 2018 年 CFPS 数据进行研究，CFPS 数据基于社区、家庭和个人三个层面开展了多层次、全方位的调查。其中，家庭层面的调查又进一步分成了两个模块，一个是家庭成员问卷调查，另一个是家庭问卷调查，家庭成员问卷调查主要调查了家庭的结构、家庭成员的关系；家庭问卷调查主要调查了各个家庭的生活水平、收入支出、社会交往以及资产状况等，本书主要的研究数据就是家庭成员关系和家庭收入支出，因此，本书以住户编码为连接变量将家庭问卷数据库和家庭成员数据库合并，从而获取各个家庭有关消费支出的详细分项数据，以及被调查家庭所有成员的年龄等有关家庭成员特征的信息。其中家庭收入支出方面的数据，本书选取了 2016 年和 2018 年分城乡的食品支出（food）、衣着鞋帽支出（dress）、居住支出（house）、家庭设备及日用品支出（daily）、医疗保健支出

（med）、交通通信支出（trco）、文教娱乐支出（eec）、其他支出（other）作为解释变量以及全部家庭纯收入（fincome1）作为被解释变量。以上解释变量和被解释变量均除以家庭成员数（familysize）求得人均消费和人均收入后再做分析。另外，以上数据皆以2010年为不变价，根据国家统计局公布的2011—2018年的我国城乡价格指数，剔除了价格影响。

为保证前后一致，本章依然将同居共财的家庭成员数作为家庭人口数（familysize），再依据上文介绍的扩展线性支出系统（ELES）结合家庭人口构成数据计算出等价尺度，然后将等价尺度调整后的家庭人均纯收入与上一章测算出来的绝对贫困线和相对贫困线相比较，筛选出2016年和2018年城乡相对贫困人口。

将2016年和2018年CFPS数据匹配整理后，本书选取其中具有代表性和家庭数最多的13个类型的家庭用作后续分析，详见表4-1。而其他类型的家庭有的是不具代表性的，有的因样本量较少不适合用作实证分析，所以本书在此忽略。CFPS问卷中被采访者的年龄在16岁到60岁的比例高于70%，另外，遵循我国统计口径中对劳动人口年龄的界定，本书将CFPS数据调查期未满16周岁的人口定义为儿童，16周岁到59岁的人口定义为成年人，年满60周岁的人口定义为老年人。

表4-1　2016年和2018年CFPS数据库中家庭人口构成情况

家庭构成	2016年				2018年			
	城镇		农村		城镇		农村	
	户数/户	占比/%	户数/户	占比/%	户数/户	占比/%	户数/户	占比/%
一夫一妻一个孩子	1 252	18	976	14	922	15	658	12
一夫一妻	944	13	934	13	840	14	829	15
三个成人	1 035	14	824	12	774	13	618	11
两个老人	754	11	773	11	746	12	789	14
一个成人	797	11	589	8	855	14	538	10
一个成人一个老人	373	5	412	6	310	5	350	6
一个老人	343	5	361	5	278	5	334	6
一个成人两个老人	319	4	275	4	290	5	240	4
一个成人一个孩子	188	3	258	4	131	2	186	3
一夫一妻两个孩子	155	2	173	2	186	3	166	3
一个孩子	99	1	214	3	80	1	152	3
一夫一妻一个老人	150	2	142	2	92	2	101	2
三个成人一个孩子	118	2	138	2	95	2	97	2
其他	660	9	972	14	491	7	587	9
合计	7 187	100	7 041	100	6 090	100	5 645	100

从家庭构成来看，除一夫一妻一个孩子的家庭外，户数较多的家庭构成几乎都是成年人和老年人的组合，而拥有二孩的家庭数2016年仅占2%，2018年占3%。这也和我国2016年1月刚刚开始实行二孩政策有关。另外，家庭构成还有一个显著的特点是拥有老年人的家庭数居多，都排位靠前，其中两个老人和一个老人独居生活的家庭从整体来看分别排在第四位和第七位，而且2016年和2018年农村老年人独居的家庭数均大于城镇。家庭构成中还有一点值得我们关注的是2016年和2018年农村一个孩子独居的家庭数均大于城镇。可见，农村的空巢、独居老年人和留守儿童是未来我国相对贫困治理时重点关注的人群。

表4-2给出了2016年和2018年分城乡的一些主要研究变量的均值和标准差，可以看出，2016—2018年我国的城乡家庭规模均有所缩减，城镇家庭儿童的规模2016—2018年变化不大。2018年比2016年农村家庭的儿童规模减少了1%。2016—2018年我国城乡家庭老年人的规模有所扩大，而城乡家庭成年人的规模均有所缩减，这表明我国进入老龄化社会的速度正在加快。

表4-2 主要变量的描述性统计分析

家庭构成	2016年				2018年			
	城镇		农村		城镇		农村	
	均值	标准差	均值	标准差	均值	标准差	均值	标准差
家庭规模	1.55	0.006 8	1.15	0.015 3	1.19	0.017 5	0.98	0.008 9
家庭消费支出	71 272.05	1 167.56	41 568.00	620.59	77 230.17	1 023.48	47 375.36	760.19
儿童	0.34	0.006 5	0.39	0.007 6	0.34	0.007 6	0.38	0.008 9
老人	0.49	0.009 1	0.51	0.009 3	0.52	0.010 3	0.59	0.010 8
成人	1.62	0.012 6	1.55	0.013 4	1.58	0.013 5	1.49	0.014 6
观测家庭数	7 187		7 041		6 090		5 645	

4.3.3 估计结果分析

以2016年城镇家庭测算等价尺度为例，本书首先基于上述模型和2016年城镇13种不同结构家庭的消费支出和收入数据，采用最小二乘法分别对式（4-25）和式（4-26）进行了线性回归分析，得到13种类型家庭的边际消费倾向 α_j、基本消费需求 η_j 以及13种类型家庭的八大类消费品的边际消费倾向 β_{ij} 和基本消费需求 $p_i m_{ij} r_i$，如表4-3和表4-4所示。

表4-3 2016年城镇不同结构居民家庭消费支出回归结果

序号	家庭构成	α_j	λ_j	η_j
1	单身家庭	0.31	31 559.26	45 913.53
2	夫妻	0.11	55 928.96	62 678.11
3	夫妻+成年人	0.07	76 462.38	82 577.24
4	夫妻+孩子	0.11	75 829.35	84 829.25
5	夫妻+2孩子	0.30	60 080.82	85 841.88
6	夫妻+老人	0.33	40 362.98	60 208.18
7	夫妻+2老人	0.00	69 235.34	69 265.29
8	夫妻+老人+孩子	0.55	28 957.23	64 678.44
9	两个老人	0.15	43 194.26	50 799.25
10	一个成人一个老人	0.03	68 141.30	70 279.35
11	一个老人	0.28	19 949.49	27 796.90
12	一个成人两个老人	0.42	35 791.50	61 857.92
13	一个成人一个孩子	0.15	50 127.11	59 046.21

表4-4 2016年城镇不同结构居民家庭各项消费支出回归结果

序号	家庭构成		food	dress	house	med	eec	trco	daily	other
1	单身家庭	$p_i m_{ij} r_i$	16 735.91	3 162.91	7 944.49	2 874.93	3 622.57	4 406.07	5 868.47	1 465.84
		β_{ij}	0.13	0.03	0.16	0.10	0.06	0.05	0.42	0.05
2	夫妻	$p_i m_{ij} r_i$	20 338.23	3 303.84	9 880.52	4 970.88	6 336.92	5 193.12	11 694.80	1 145.85
		β_{ij}	0.09	0.03	0.16	0.04	0.13	0.04	0.49	0.02
3	夫妻+成年人	$p_i m_{ij} r_i$	24 938.93	3 802.89	13 181.82	5 663.55	9 613.11	7 083.37	16 540.37	2 091.34
		β_{ij}	0.03	0.01	0.08	0.01	0.02	0.01	0.83	0.02
4	夫妻+孩子	$p_i m_{ij} r_i$	26 784.67	4 498.81	12 145.67	5 266.08	9 007.02	7 496.76	17 781.25	1 994.91
		β_{ij}	0.10	0.02	0.19	0.03	0.08	0.04	0.48	0.05
5	夫妻+2孩子	$p_i m_{ij} r_i$	30 026.42	3 922.77	12 563.74	5 863.87	9 019.12	7 631.81	15 128.24	1 753.12
		β_{ij}	0.34	0.02	0.07	0.02	0.05	0.04	0.43	0.03
6	夫妻+老人	$p_i m_{ij} r_i$	25 786.34	3 488.92	7 789.43	5 648.03	6 386.07	5 392.40	5 040.24	969.46
		β_{ij}	0.14	0.04	0.15	0.03	0.06	0.04	0.54	0.01
7	夫妻+2老人	$p_i m_{ij} r_i$	25 902.58	2 238.31	7 391.59	13 401.11	6 261.14	6 936.09	6 477.56	732.30
		β_{ij}	0.15	0.01	0.06	0.41	0.09	0.10	0.16	0.01
8	夫妻+老人+孩子	$p_i m_{ij} r_i$	25 747.61	4 046.17	12 388.03	3 825.25	7 905.94	6 654.55	3 632.38	893.69
		β_{ij}	0.09	0.06	0.09	0.03	0.21	0.03	0.47	0.02
9	两个老人	$p_i m_{ij} r_i$	20 809.31	1 475.40	7 604.95	10 543.59	3 155.47	2 193.44	4 573.97	619.81
		β_{ij}	0.15	0.03	0.18	0.29	0.07	0.03	0.24	0.01

续　表

序号	家庭构成		food	dress	house	med	eec	trco	daily	other
10	一个成人 一个老人	$p_i m_{ij} r_i$	22 143.43	3 047.62	12 424.85	10 120.58	6 350.54	4 810.62	10 054.92	1 541.01
		β_{ij}	0.06	0.01	0.28	0.33	0.10	0.02	0.17	0.02
11	一个老人	$p_i m_{ij} r_i$	11 398.11	792.87	4 635.77	5 480.00	1 718.42	1 475.60	1 694.54	824.61
		β_{ij}	0.12	0.02	0.19	0.15	0.09	0.05	0.36	0.01
12	一个成人 两个老人	$p_i m_{ij} r_i$	25 408.29	2 922.42	7 578.71	8 668.16	6 408.10	5 623.94	4 901.75	756.06
		β_{ij}	0.19	0.02	0.22	0.14	0.09	0.05	0.26	0.02
13	一个成人 一个孩子	$p_i m_{ij} r_i$	21 193.72	2 877.99	10 097.15	4 761.66	5 926.73	4 682.15	8 195.85	1 439.64
		β_{ij}	0.17	0.02	0.39	0.03	0.07	0.06	0.23	0.03

以单身家庭作为参照，将表4-3和表4-4中的各项估计结果分别代入式（4-23），将分别求出其余12种类型家庭以单身家庭为参照对象时的等效用收入，再利用式（4-24）可以计算出其余12种类型家庭与参照家庭有关收入的换算关系式，进一步采用算术平均法计算出其余12种类型家庭等价尺度的数学期望，如表4-5所示。

表4-5　不同类型家庭等价尺度的数学期望

2016城镇	类型												
	1	2	3	4	5	6	7	8	9	10	11	12	13
x/x^*	1	1.46	2.20	2.05	1.72	1.21	1.83	2.23	1.10	1.73	0.48	1.31	1.29

由表4-5可以看出，各种类型家庭成员之间存在着显著的规模经济效应，所有等价尺度均小于家庭人口规模；从年龄结构来看，无论成年人、老人还是儿童的规模经济效应都很突出，特别需要强调的是，本书尝试计算二孩的等价尺度，但二孩的抚养成本并没有显著下降，等价尺度几乎没有减少，故在后续的研究中所有儿童采用统一的等价尺度。

为了确定不同年龄家庭成员具体的等价尺度，我们使用等价规模的定义式（4-4），以微观家庭数据为对象建立等价规模的一般计算式。

其中，c代表家庭中符合相应年龄特征的成员数量，对上述模型进行线性回归，结果如下：

$$F = 1 + f_{成年人} c_{成年人} + f_{儿童} c_{儿童} + f_{老人} c_{老人} \qquad (4-34)$$
$$0.67 \qquad\qquad 0.551 \qquad 0.360$$
$$(88.63) \qquad\quad (39.98)\ (18.44)$$

根据以上线性回归结果，我们得到2016年城镇家庭第一个成年人的等价尺度为1，其他成年人的等价尺度为0.7，未满16周岁儿童的等价尺度为0.6，年满60周岁老年人的等价尺度为0.4。

同理依次得到2016年农村家庭第一个成年人的等价尺度为1，其他成年人的等价尺度为0.6，未满16周岁儿童的等价尺度为0.4，年满60周岁老年人的等价尺度为0.3。2018年城乡家庭的等价尺度依照以上公式测算后，城镇家庭第一个成年人为1，其他成年人0.7，未满16周岁儿童的等价尺度为0.6，年满60周岁老年人的等价尺度为0.5。农村家庭第一个成年人为1，其他成年人为0.6，未满16周岁儿童的等价尺度为0.4，年满60周岁老年人的等价尺度为0.4（四舍五入后结果）。

4.4 基于家庭等价尺度的我国相对贫困的再分析

本书在第2章已经运用扩展线性支出系统（ELES）测算出2016年和2018年分城乡的绝对贫困线和相对贫困线，本章再次运用扩展线性支出系统（ELES）测算出了我国2016年和2018年分城乡家庭的等价尺度，为了评估等价尺度对相对贫困测度的影响，本书引用FGT指数来对比分析等价尺度调整前后我国2016和2018年城乡相对贫困的广度、深度和强度。

4.4.1 模型与测度方法简介

Foster等（1984）提出了FGT指数，也称P_α指数[183]。FGT指数可表示为：

$$P_\alpha = \frac{1}{n}\sum_{i=1}^{q}(\frac{z-x_i}{z})^\alpha \tag{4-35}$$

α越大，表示该指标给予贫困人口中越穷的人权重越大。n代表总人口，z代表贫困线，q代表贫困人口数量，x_i代表每个贫困人口的收入水平。比如，$\alpha=0$时，获得贫困的发生率。$\alpha=1$时，获得平均贫困矩的指数，代表了贫困的深度。$\alpha=2$时，获得平均平方贫困矩的指数，代表了贫困的强度。

可见P_α不但能够测量贫困的广度，还能测量贫困深度和强度，是能够反映贫困程度的指标。因此。本书引用FGT指数来对比分析等价尺度调整前后我国2016年和2018年城乡相对贫困的广度、深度和强度。

4.4.2　数据与指标描述

在第3章我们已经测算出以2010年不变价的2016年和2018年分城乡的绝对贫困线和相对贫困线，它们分别是2016年城镇绝对贫困线6 966元，相对贫困线14 874元；2016年农村绝对贫困线3 043元，相对贫困线7 451元；2018年城镇绝对贫困线7 816元，相对贫困线15 464元；2018年农村绝对贫困线3 081元，相对贫困线7 783元（详见表3-7）。

显然，在相对贫困线确定的前提下，我们通过人均纯收x_i与相对贫困线z换算之后得到相对贫困广度、深度和强度的测度值。在本书中，我们的基础数据是家庭数据，因此，当不考虑等价尺度时，是将家庭人均纯收入（与2010年可比）与相对贫困线进行比较。当考虑等价尺度时，则是将经过等价尺度调整以后的家庭人均纯收入（与2010年可比）与相对贫困线比较，经过等价尺度调整以后的家庭人均纯收入表示为：

$$x_i = \frac{y_i}{f_i} = \frac{y_i}{1 + f_{i第一成人}c_{i第一成人} + f_{i儿童}c_{i儿童} + f_{i老人}c_{i老人}} \tag{4-36}$$

其中，y_i为第i个家庭的全部家庭纯收入（与2010年可比），f_i为经等价尺度调整以后家庭的等价规模，其他符号与前文计算等价尺度时所使用的符号意义相同。家庭等价规模与家庭规模是不同的，家庭等价规模是经过等价尺度调整后家庭成员的数量之和，而家庭规模就是所有家庭成员的数量之和。由于消费存在规模经济效应，所以除单身家庭外，其他类型家庭的等价规模均小于家庭规模，从而导致经过等价尺度调整后的人均纯收入大于家庭人均纯收入，如果我们用家庭人均纯收入与相对贫困线比较筛选贫困人口，就可能最终导致贫困程度被高估，而经过家庭成员等价尺度调整后得到的家庭人均纯收入测度的贫困指标更能达到对相对贫困的精准识别，筛选绝对贫困人口也是一样的道理。

4.4.3　实证结果分析

表4-6和表4-7的结果恰好验证了上文的说法，在我们所考察的2016和2018两个年份中，对于FGT指数测算出来的有关相对贫困的广度（发生率）、深度和强度，经过家庭成员等价尺度调整计算的家庭人均纯收入所度量的城乡相对贫困发生率要远远小于按家庭人均纯收入所度量的城乡相对贫困发生率。2016年城乡相对贫困发生率分别由0.37和0.36下降到0.29和0.25，相对贫困深度分别由0.19和0.20下降到0.14和0.14，相对贫困强度分别由0.13和0.14下降到0.10和0.10。2018年城乡相对

贫困发生率分别由0.34和0.30下降到0.21和0.20，相对贫困深度分别由0.20和0.18下降到0.11和0.11，相对贫困强度分别由0.16和0.14下降到0.07和0.08。

另外，从表4-6和表4-7还可以看出，无论是2016年还是2018年，城镇的相对贫困发生率广度均大于农村的相对贫困发生率，而城乡相对贫困的深度和强度都基本保持一致。

表4-6　2016年我国城乡等价尺度调整前后相对贫困程度的对比分析

指标	城镇		农村	
	调整前	调整后	调整前	调整后
P_1相对贫困发生率	0.37	0.29	0.36	0.25
P_2相对贫困深度	0.19	0.14	0.20	0.14
P_3相对贫困强度	0.13	0.10	0.14	0.10

从纵向来看，2018年相较于2016年城乡相对贫困发生率、深度和强度都是有所下降的。对于城镇，相对贫困的发生率由2016年的0.29下降到2018年的0.21，相对贫困深度由2016年的0.14下降到2018年的0.11，相对贫困强度由2016年的0.10下降到2018年的0.07。对于农村，相对贫困发生率由2016年的0.25下降到2018年的0.20，相对贫困深度由2016年的0.14下降到2018年的0.11，相对贫困强度由2016年的0.10下降到2018年的0.08。这表明我国在逐步消除绝对贫困的同时，相对贫困也得到了缓解。

表4-7　2018年我国城乡等价尺度调整前后相对贫困程度的对比分析

指标	城镇		农村	
	调整前	调整后	调整前	调整后
P_1相对贫困发生率	0.34	0.21	0.30	0.20
P_2相对贫困深度	0.20	0.11	0.18	0.11
P_3相对贫困强度	0.16	0.07	0.14	0.08

4.4.4　相对贫困群体的各项特征分析

1.相对贫困群体的结构分析

为了进一步理解我国相对贫困群体的结构特征，本书分别从性别、年龄和受教育程度以及相对贫困群体中生理和心理疾病占比四个角度来分析我国2016年和2018年相对贫困群体的贫困发生率，如表4-8所示。

表4-8 我国相对贫困群体的结构特征

单位：%

指标	2016年		2018年	
	城镇	农村	城镇	农村
男性相对贫困发生率	27.28	23.96	24.12	23.29
女性相对贫困发生率	27.63	24.16	24.27	23.48
儿童相对贫困发生率	35.73	30.78	20.99	17.25
男童相对贫困发生率	35.34	29.12	20.22	16.63
女童相对贫困发生率	36.18	32.74	21.68	17.93
成人相对贫困发生率	22.10	24.26	20.12	19.06
老人相对贫困发生率	25.29	29.41	25.22	32.55
文盲相对贫困发生率	32.75	27.15	29.76	25.05
小学学历相对贫困发生率	31.32	24.24	29.53	24.07
初中学历相对贫困发生率	28.15	20.89	25.74	20.74
高中及以上学历相对贫困发生率	17.18	18.75	14.63	17.46

从总体来看，2018年农村老人的相对贫困发生率不但高于2018年城镇老年人的相对贫困发生率，而且还高于2016年农村老人的相对贫困发生率，这有可能是我国人口老龄化日趋严重，加之城镇化进程加快，农村外出务工人员增多，导致农村空巢独居老人增多从而造成农村老人相对贫困率上升。其余结构特征无论是城镇还是农村2018年的相对贫困发生率均比2016年有所降低，城镇的相对贫困发生率均高于农村的相对贫困发生率。这与上文的结论一致，表明我国在逐步消除绝对贫困的同时，相对贫困也得到了缓解。城镇的相对贫困率均高于农村表明相对贫困的致贫因素与绝对贫困的致贫因素不同，是多种因素错综复杂交织在一起形成的，从这点来看，城镇的相对贫困发生率高于农村的相对贫困发生率是合理的。

从性别来看，2016年和2018年城乡女性的相对贫困发生率均略高于男性的相对贫困发生率，而女童的相对贫困发生率均略高于男童的相对贫困发生率，可见未来女性贫困群体是我们重点关注的对象。

从年龄来看，2016年和2018年城乡儿童和老人的相对贫困发生率均高于成人的相对贫困发生率，呈现出"U"形，这与人的自然发展规律相一致。受生理和心理因素影响，儿童和老人相比于成年人更容易陷入贫困陷阱而无法自拔。

从受教育程度来看，我们的共识是受教育程度越高的群体贫困发生率越低。由表4-8可以看出，这一点可以从文盲，小学、初中、高中及以上学历居民的相对贫困发生率进一步得到验证，四种学历居民的相对贫困发生率完全符合我们日常的共识，即受教育程度越高的群体贫困发生率越低。另外，从表4-8中还可以看出，除高中及以上学历外，同等学历下，2016年和2018年城镇居民的相对贫困发生率普遍高于农村居民的相对贫困发生率。这表明，与农村相比，在城镇生存发展对学历的要求更高。

从生理和心理疾病来看，CFPS成人问卷中只调查了被调查者的生理和心理健康情况，本书将被调查者视为户主，众所周知，户主的健康情况相比于其他家庭成员更能直接影响到整个家庭的生计水平，所以本书将户主的生理和心理健康情况统计出来进行分析。CFPS问卷中对于生理健康的问卷是通过量表的形式给出的，1代表非常健康，2代表很健康，3代表比较健康，4代表一般，5代表不健康，如果被调查者回答4或者5，我们就认为其身体处于亚健康以下状态。在CFPS问卷中有三个问题分别是我感到情绪低落、我感到悲伤难过、我感到生活无法继续，这三个问题的备选答案也是用量表的形式给出，分别是1代表几乎没有（不到1天），2代表有些时候（1～2天），3代表经常有（3～4天），4代表大多时候有（5～7天），本书将被调查者对三个问题的回答之和大于或等于6的视为心理疾病患者，也就是说如果一个人在一周中至少有三天感到情绪低落、难过悲伤或者生活无法继续，我们就认为其患有心理疾病。

由表4-9可以看出，在相对贫困群体中，身体在亚健康以下的居民占比非常高，除2016年农村为44.13%以外，其他均超过了50%，2018年农村高达64.59%。而且2018年城乡相对贫困群体中身体亚健康以下居民的占比均高于2016年城乡相对贫困群体中身体亚健康以下居民的占比，有愈演愈烈的趋势。在相对贫困群体中，患有心理疾病居民的占比皆大于30%，而且2018年均高于2016年。另外，2016年和2018年农村相对贫困群体中，患有心理疾病居民的占比均大于城镇。

表4-9　相对贫困群体中生理和心理疾病患者的占比

单位：%

指标	2016年		2018	
	城镇	农村	城镇	农村
身体亚健康以下	59.16	44.13	60.67	64.59
心理疾病	30.96	31.82	34.54	41.05

2.相对贫困群体的地域[①]特征分析

由表4-10可以看出，纵向上，除东北部外，2016年和2018年我国相对贫困发生率由东部向中部、西部逐级递增。横向上，2016年和2018年东部城镇家庭的相对贫困发生率均低于东部农村家庭的相对贫困发生率，而中部和西部城镇家庭的相对贫困发生率均高于中部和西部农村家庭的相对贫困发生率。

表4-10　我国相对贫困群体的地域特征

单位：%

指标	2016年		2018年	
	城镇	农村	城镇	农村
东部相对贫困发生率	17.82	19.28	18.34	18.87
中部相对贫困发生率	31.12	19.80	25.41	19.50
西部相对贫困发生率	36.04	28.85	36.78	22.50
东北部相对贫困发生率	25.18	25.72	21.82	27.02

3.相对贫困群体的收入特征分析

由表4-11可以看出，城镇相对贫困群体的主要收入来源是工资性收入，而农村相对贫困群体的主要收入来源是工资性收入和经营性收入。此外，转移性收入在城镇和农村相对贫困群体收入中的占比也较高。

2016年到2018年城乡相对贫困群体的工资性收入均有所提高，提高比例大约为5个百分点，经营性收入和其他收入占比均有所下降，财产性收入占比均有所提高，提高比例大约为2个百分点。城镇的转移性收入占比有所下降，农村的转移性收入占比有所上升。

本书进一步估计了2016年和2018年城乡相对贫困群体各项收入为零的占比情况。总体来看，财产性收入为零的占比最大，其次是其他收入，鉴于其他收入在城乡相对贫困群体可支配收入的占比最小，所以其收入为零的占比对我国收入差距造成的影响并不大。排在第三位的是工资性收入和经营性收入为零的占比，众所周知，财产性收入和工资性收入差距是造成我国收入差距的主要原因。从横向来看，2016年至2018年，城乡工资性收入为零的占比基本保持不变，经营性收入、转移

---

①东部地区包括北京、天津、河北、上海、江苏、浙江、福建、山东、广东、海南10个省（市）；中部地区包括山西、安徽、江西、河南、湖北、湖南6个省；西部地区包括内蒙古、广西、重庆、四川、贵州、云南、西藏、陕西、甘肃、青海、宁夏、新疆12个省（区、市）；东北部地区包括辽宁、吉林、黑龙江3个省。资料来源：国家统计局网站。

性收入和其他收入为零的占比有所升高，财产性收入为零的占比略有所下降，但财产性收入为零的占比依然是各项收入中最高的。

表4-11　相对贫困群体各项收入构成情况

单位：%

指标	2016年		2018年	
	城镇	农村	城镇	农村
工资性收入占比	69.65	39.25	74.78	44.42
经营性收入占比	9.59	35.41	8.71	26.72
财产性收入占比	3.66	1.81	5.52	3.72
转移性收入占比	13.17	18.21	8.32	21.82
其他收入占比	3.94	5.32	2.67	3.33
工资性收入为0占比	40.24	64.74	40.45	64.28
经营性收入为0占比	69.52	47.70	74.32	58.95
财产性收入为0占比	85.39	92.48	82.68	89.42
转移性收入为0占比	40.42	27.22	53.83	30.63
其他收入为0占比	77.72	76.09	87.86	87.27

4.相对贫困群体的消费特征分析

由表4-12可以看出，以2010年为基期，剔除物价指数的影响后，无论是城镇还是农村，2016年和2018年相对贫困群体消费支出占比排名前三的分别是食品支出、居住支出和医疗保健支出。2016年城镇居民生存型消费支出占比为54.30%，发展与享受型消费支出占比为45.70%，2018年城镇居民生存型消费支出占比为58.24%，发展与享受型消费支出占比为41.76%。2016年农村居民生存型消费支出占比为50.31%，发展与享受型消费支出占比为49.69%，2018年农村居民生存型消费支出占比为51.91%，发展与享受型消费支出占比为48.09%。可见，无论是城镇还是农村2018年相比于2016年生存型消费支出占比均有所上升，发展与享受型消费支出占比均有所下降，而且城镇相较于农村而言发展与享受型消费占比下降幅度略大一些。产生上述结果的原因不外乎两种情况：一是相对贫困群体的收入不足以使其生存型消费支出和发展与享受型消费支出同时得到提升，因此只能降低其发展与享受的消费支出去满足生存型消费的需求；二是相对贫困群体的收入使其生存型消费支出和发展与享受型消费支出同时得到提升，但是发展与享受型消费支出提升的比例远不如生存型消费支出提升的比例。以上两种情况都会导致相对贫困群体的可持续发展能力远远落后于非相对贫困群体。而且就目前的数值显示来看，城镇相对贫困的严重程度要大于农村，未来我们应该更加关注城镇的相对贫困情况，尤其是城镇的三无人员和失业人员，还有农民工等流动群体都是相对贫困的高发群体。

表4-12 相对贫困群体各项支出构成情况

单位：%

消费类型	指标	2016年		2018年	
		城镇	农村	城镇	农村
生存型	dress	4.21	4.32	4.44	4.24
	food	31.35	28.34	32.93	28.06
	house	18.74	17.65	20.86	19.61
	合计	54.30	50.31	58.24	51.91
发展与享受型	eec	9.59	10.41	9.49	9.24
	med	12.00	14.55	13.04	18.58
	daily	13.87	14.06	9.89	9.73
	trco	8.09	9.55	7.65	9.37
	other	2.15	1.13	1.69	1.18
	合计	45.70	49.69	41.76	48.09

4.5 本章小结

在本章中，考虑到由于家庭规模经济效应存在以及家庭成员年龄构成不同而导致不同家庭的生活成本是有差别的，但目前已有的测度贫困的文献并没有考虑到这方面的影响，从而造成贫困程度被高估。因此，借鉴万相昱（2015）的等价尺度模型对2016年和2018年中国城乡家庭的等价尺度进行了测算。经测算发现，中国居民家庭消费具有较大的规模经济效应。因此，开始重新评估中国2016年和2018年城乡的相对贫困程度。经2016年和2018年城乡家庭等价尺度调整后我们发现，所考察的2016和2018两个年份中，对于FGT指数测算出来的有关相对贫困的广度、深度和强度，经过家庭成员等价尺度调整计算的家庭人均纯收入所度量的城乡相对贫困发生率要远远小于按家庭人均纯收入所度量的城乡相对贫困发生率。

从纵向来看，2018年相较于2016年城乡相对贫困的广度、深度和强度都有所下降，这表明我国在逐步消除绝对贫困的同时，相对贫困也得到了缓解。

研究还发现，无论是2016年还是2018年，城镇的相对贫困发生率均大于农村的相对贫困发生率，而城乡相对贫困发生率的深度和强度都基本保持一致。由此，我们得到两点启示，一是城镇的相对贫困不容小觑，未来应把城镇的相对贫困群体纳入贫困治理范围内。二是对于广大农村地区来说，相比于城镇其市场化程度较低，有些地方只需物物交换或者通过人情关系交易，因此很多消费不需要使用货币进行支付，从而导致我们使用货币表现的农村基本消费支出所测量的相对贫困线偏低，使得农村相对贫困被低估。通过与沈扬扬和李实（2020）采用收入测算出来的城乡相对贫困程度比较，可以验证以上结论。沈杨扬和李实（2020）以居民中位收入60%测算出来的2018年城乡相对贫困发生率分别为0.21和0.23，本章测算出来的2018年城乡相对贫困发生率分别为0.21和0.20。但从总体上来说，本章使用FGT指数测算出来的有关相对贫困的广度、深度和强度均为较高相对贫困标准下测算出的结果。本章节测算出来的相对贫困发生率等指标之所以是较高相对贫困标准下测算出的结果主要基于以下两个原因。一是用居民家庭收入作为福利指标估算的相对贫困线（一般为居民中位收入的40%~50%）从总体上要低于以居民家庭消费基本需求作为福利指标估算的相对贫困线。唐运舒等（2009）、汪晓文等（2011）、杨雪等（2011）、高建民等（2014）以及闫菊娥等（2018）均证明了此观点。二是Zhang等（2014）[184]利用一些特定年份的截面数据测算了我国的贫困程度，其研究发现，使用官方公布的数据测算的贫困发生率远远低于利用其他数据库测算的贫困发生率，而本书使用的数据皆来自CFPS数据库。

筛选出2016年和2018年城乡相对贫困群体后，本章节基于不同角度对相对贫困群体的各项特征进行了分析。第一，从性别、年龄、受教育程度以及身体健康状况（生理和心理）四个角度来分析我国2016年和2018年相对贫困群体的结构特征。可以发现，女性的相对贫困发生率均略高于男性，而女童的相对贫困发生率均略高于男童。儿童和老年人的相对贫困发生率均高于成人，呈现出倒"U"形。受教育程度越高的群体相对贫困发生率越低，二者基本成反比关系。在相对贫困群体中，身体在亚健康以下的居民占比非常高，平均超过了50%。患有心理疾病居民的占比皆大于30%，而且2018年均高于2016年。第二，对相对贫困群体的地域特征进行了分析。可以发现，除2016年和2018年东北部农村外，我国相对贫困的发生率由东部向东北部、中部、西部逐级递增。从横向来看，2016年和2018年东部和东北部城镇家庭的相对贫困发生率均低于东部和东北部农村家庭的相对贫困发生率，而中部和西部城镇家庭的相对贫困发生率均高于中部和西部农村家庭的相对贫困发生率。第三，对相对贫困群体的收入特征进行了分析。可以发现，城镇相对贫困群体的主要收入来源是工资性收入，而农村相对贫困群体的主要收入来源是工资性收入和经营性收入。此外，转移性收入在城镇和农村相对贫困群体收入中的占比也较高。2016年到2018年城乡相对贫困群体的工资性收入均有所提高，经营性收入和其他收入占比均有所下降。城镇的转移性收入占比有所下降，农村的转移性收入占比有所上升。总体来看，财产性收入为零的占比最大，其次是其他收入为零的占比，排在第三位的是工资性收入和经营性收入为零的占比，众所周知，财产性收入和工资性收入差距是造成我国收入差距的主要原因。第四，对相对贫困群体的消费特征进行了分析。可以发现，以2010年为基期，剔除物价指数的影响后，无论是城镇还是农村，2016年和2018年相对贫困群体消费支出占比排名前三的分别是食品支出、居住支出和医疗保健支出。另外，无论是城镇还是农村2016年到2018年生存型消费支出占比均有所上升，发展与享受型消费支出占比均有所下降，而且城镇相较于农村而言发展与享受型消费占比下降幅度略大。

1.相对贫困治理重点关注群体类型

依据上文对相对贫困群体的各项特征分析，结合当下中国面临的人民日益增长的美好生活需要和不平衡不充分发展之间的矛盾，本书将2020年后中国相对贫困治理重点关注的群体进行总结，分成以下几类。

（1）深度贫困地区的群体

消除绝对贫困后，"三区三州"等深度贫困地区的群体基本解决了"两不愁、三保障"问题，但是受当地社会、自然地理环境的影响这类人群既没有"天时地利"更没有"人和"优势。所谓"天时地利"是指"三区三州"等深度贫困地区存在易受自然灾害侵袭、自然资源禀赋弱等问题，纵使拥有自然资源也因地势原因加之常年的贫穷落后而无法与外界建立市场关系；所谓"人和"是指贫困的代际传递使得这类人群在社会、人力、金融资本等方面是极度匮乏的，在天时地利人和方面的脆弱性是造成这类群体脱贫再返贫的根本原因。

（2）空巢、独居老人和留守儿童等弱势群体

空巢、独居老人和留守儿童等弱势群体一直是我国扶贫重点关注的对象，尽管国家出台了相关政策改善了他们的境遇，但值得注意的是，空巢、独居老人和留守儿童等弱势群体的脆弱性等特征决定了他们依然是我国相对贫困治理时期的重点人群。

这部分人群长期远离亲人，而他们所处的年龄段又决定了他们当下急需有亲人在身边陪伴和照顾，在这种极大的矛盾下，他们的身心始终处于孤立无援的状态。

具体表现为，空巢、独居老人老无所养、老无所依、老无所乐；留守儿童因从小缺乏父母的关爱，除了身体发育相比同龄人缓慢，内心也显得自卑、缺乏安全感，发展潜力大不如同龄儿童。

另外，受传统思想的影响，女性无论是在学业、工作的选择权上还是在家庭地位上都不如男性，她们的发声往往不被重视，她们的努力有时也不为大众所认可，她们经常被排斥在社会的边缘。因此，女性相对贫困群体也是我国接下来扶贫要重点关注的对象。

（3）进城务工的农民工群体

随着工业化、城镇化进程的推进，以农民工为主的流动人口涌向城镇，2019年中国农民工总量29 077万人，年末在城镇居住的进城农民工达到了13 500万人[①]，农民工的涌入势必会增加城镇的相对贫困人口数量，主要有以下几个原因：一是涌向城镇的农民工大部分脱离了农村，因为长期居住在城镇，国家对于农村的扶贫政策将不再覆盖此部分人群；二是有很大一部分农民工还未获得城镇户籍，因此也不能享受到城镇的政策待遇，包括教育、医疗、卫生等基本公共服务；三是进城务工的农民工大多从事着低技术劳动密集型工作，他们所获得的收入与城镇居民的收入相比还存在一定的差距，但在城镇居住的生活成本要远高于农村。

（4）城镇的"三无"人员及失业群体

我国目前已有的研究中，有关城镇贫困问题的研究很少，主要原因是农村贫困问题是我国长期以来面临的重点、难点问题，农村贫困群体是我国贫困的主体，而且农村贫困和城镇贫困的成因、程度都有很大的不同，从国家层面来讲只划定了农村贫困线，因此学者们大多将视线放在了农村贫困问题的研究上。

但现实情况是，我国的城镇贫困尤其是城镇的相对贫困问题亟待解决，例如城镇的"三无"人员和失业群体。这类群体具有文化程度低、身体健康状况差、年龄偏大等特征，在城镇就业市场中无疑是弱势群体。他们完全靠领取政府发放的最低生活保障金度日，但是城镇的生活成本与日俱增，有时甚至不能满足基本生活需求。另外，城镇的经济发展迅速，工作的更新速度快，对劳动者各方面素质的要求不断提高，对于处在贫困边缘的群体而言，在文化素质、社会地位、社会资源等方面不具备比较优势，因此在高压的竞争环境下，他们获取工作的难度和拥有工作的稳定性就大大降低，长此以往他们会失去寻求工作的动机，继而由短暂性贫困转为长期性贫困。

---

① 数据来源：国家统计局.2019年农民工监测调查报告[R].2020.

（5）心理和精神贫困群体

这类贫困群体与以上提出的贫困群体划分的标准并不是一致的，但由于这类群体的重要性，本研究特意在此提出。

精神和心理层面的贫困相较于物质贫困成因更复杂、持续时间更长久、后果也更可怕，它们与物质贫困相互交织、彼此嵌入、互为因果关系，我们可以将其归结为"贫困文化"和"文化贫困"。

"贫困文化"群体的内心深处认为贫困是代代相传的，根本无法改变。与他人相比，他们总感到自卑、低人一等，在这种价值观的长期影响下，就会形成固化于头脑的贫困思维方式，这也是致贫返贫的内在根源之一。另外，我们应注意到这类群体的存在形式具有一定的隐蔽性。

"文化贫困"是目前普遍存在的一种人文底蕴缺失的现象，在这个追求效率的时代，人们内心浮躁、急于求成，为了在速度和数量上赶超别人，开始了"速食"生活，数字化的快捷信息充斥了整个社会，很少有人能静下心来阅读一本书或者欣赏一件艺术品，第十七次全国国民阅读调查显示，我国2019年的人均纸质阅读量仅仅为4.65本。长此以往就会造成大众价值观扭曲、审美和品位单一、道德文化底蕴丧失，物质文化与精神文化发展不同步的现象。

2.相对贫困的差异性治理措施

2020年后我国贫困问题在广度和深度上都将更为复杂。城镇化、老龄化、经济转型、社会变迁、天灾人祸以及个人内在的抗风险能力和伦理道德等因素错综复杂，交织在一起形成了2020年后我国相对贫困治理重点关注的群体。针对2020年后我国相对贫困治理重点关注的群体以及相对贫困与绝对贫困治理时的共性难点问题提出以下差异化治理措施。

（1）聚焦优势特色产业，提高深度贫困地区群体抵御风险的能力

针对深度贫困地区易致贫和返贫的群体，可依据劳动能力将这类群体分为"有或全劳动能力""半或弱劳动能力""完全丧失劳动能力"三种类型。在制定政策时依据三种劳动力类型实行分类定标、分类指导、分类施策。对于完全丧失劳动能力的群体采用社会保障兜底的扶贫措施，对于具有全和半劳动能力群体中有意愿外出打工者给予鼓励与支持，通过发放补贴的形式预防外出打工者再次成为城市的贫困人群。对于具有全和半劳动能力的群体中愿意在家创业、就业者，以其需求为导向，聚焦优势特色产业，建立产业需求目录，目录既包括适用于半劳动力的小型产业也包括适用于全劳动能力的大中型产业，让其自主选择产业，引导他们既发展

"短、平、快"的产业项目，又与长远持续产业相结合，激发深度贫困地区老百姓发展产业的能动性，提高深度贫困地区老百姓自身抗击风险的能力。另外，为避免深度贫困地区的老百姓返贫、致贫，可考虑为其购买"防贫保"，将家庭人均可支配收入不高于防贫保障线的确定为防贫对象，为深度贫困地区的老百姓构筑起防止返贫和致贫的最后一道防线。

（2）探索普惠型、互助性等新型扶贫养老模式，保障贫困老年人养老需求

针对孤寡留守老人、空巢老人、因伤因病丧失劳动能力老人和60岁以上贫困老人的集中养老问题，应在完善基本养老服务体系的基础上，积极探索新型扶贫养老模式。党的十九届五中全会提出健全基本养老服务体系，发展普惠型养老服务和互助性养老。由此可见，普惠型养老、互助性养老等养老方式将成为我国未来养老的新业态。在相对贫困治理过程中，可以将扶贫和养老有机结合，以互助性养老中的农村互助幸福院为例①，通过"统一管理、集中居住、分户生活、互助养老"的模式不但能解决农牧区子女外出打工多，留守老人多、无人照料的难题，还将互助幸福院、美丽乡村建设和改善人居环境相结合，为乡村振兴战略夯实了基础。此外，要健全扶贫养老服务综合监管制度，为扶贫养老服务高质量发展营造良好环境。

（3）实施营养扶贫、教育扶贫等综合性扶贫政策，阻断贫困的代际传递

针对相对贫困治理时期的儿童贫困问题，可以通过营养扶贫和教育扶贫等综合性扶贫政策干预的方式予以解决。营养扶贫方面，要加大健康哺育等知识的宣传力度，制定贫困家庭孕产妇的营养改善计划，进而提升初生婴幼儿的生长发育质量；要定期为贫困家庭婴幼儿发放免费营养包以保证贫困家庭婴幼儿持续获得营养供给；要定期为贫困家庭儿童进行体检从而设计针对贫困儿童不同年龄阶段的营养改善计划。教育扶贫方面，形成资助帮扶、情感帮扶和提升教育质量的三方合力，在每一种力量下再制定多重政策作为支撑。例如，在情感帮扶方面，对特殊家庭儿童采取个性化情感扶持。针对留守儿童、残疾儿童、单亲儿童和孤儿，建立教师与学生"一对一"的情感帮扶机制，让特殊家庭儿童接受物质和精神的双重呵护，健康成长。另外，由于性别歧视造成的女性儿童相对贫困问题也不容忽视，政府应制定针对女性贫困儿童的专项扶贫政策，并且制定相应监管制度保证专项扶贫政策切实落实到女性贫困儿童自身。

———————————

① 乌兰察布察右前旗互助幸福院：老有所养老有所依[EB/OL].（2020-10-24）. https://photo.gmw.cn/2020-10-24/content_34302825.htm?source=sohu.

（4）实现城市流动人口社会保障全覆盖，逐步推进户籍制度改革

针对农民工等城市流动人口的相对贫困问题，一方面，需要进行合理的制度安排，将农民工的社会保障纳入城市的社会保障范围内，实现农民工等城市流动人口社会保障的全覆盖，织密、扎牢农民工等城市流动人口抵御各类风险的社会保障安全网。在具体实施时，可先确立适用于全国范围的城乡统一的低保标准，率先在一些发达地区实行城乡统一的低保标准，然后逐步拓展统筹范围、提高统筹层次，直至实现全国统一的城乡低保标准。另一方面，农民工等城市流动人口的社会保障问题根源在于低保与户籍挂钩。因此，改革户籍制度，从源头上解决户籍制度对享受社会保障的限制，是防止农民工等所有潜在贫困个体陷入贫困陷阱的基本保障。这是一场涉及全体国民利益的深度改革，也是加快城镇化进程和乡村振兴亟待解决的重要问题。

（5）构建低保＋福利捆绑＋社会力量帮扶体系，引导失业群体自主就业、创业

针对城镇"三无"人员及失业群体的相对贫困问题，应充分认识到这类群体的内部存在异质性特征。"三无"人员和完全丧失劳动能力的失业人员是城镇中最弱势的社会群体，对于这部分人群需要进行长期和综合性的救助，施行低保＋福利捆绑政策不仅可以有效解决这类群体的生存困境，还可以节约管理成本，避免社会救助"碎片化"，提高社会救助的运行效率。同时，要构建社会力量参与的帮扶体系，引入社工、养老等市场机构共同参与到弱势群体的贫困帮扶中，提高弱势群体的生活质量。对于具备劳动能力的失业群体应继续提高其就业创业能力，加大劳动技能培训力度，注重这类群体的人力资本积累以适应新时代发展要求。通过出台相关政策鼓励这部分人群自主就业创业，为他们提供就业指导、就业补贴、就业渠道、创业启动金等援助。

（6）创新心理贫困帮扶载体，实现物质和精神双向救助

针对"贫困文化"和"文化贫困"两类心理贫困问题，第一，要从宣传教育入手。利用传统和互联网＋相结合的方式定期对广大群众进行中华民族优良传统文化、社会主义核心价值观以及党和国家政策的宣传教育。第二，要从居民日常生活的点滴入手。村委会、居委会等基层组织要积极创新帮扶载体，例如，创办"爱心公益超市"，通过从社会公德、家庭美德、遵纪守法和公益岗位等方面表现获取积分，以积分兑换公益超市的物品，充分调动贫困户的积极性，扭转贫困群众等、靠、要的思想；开办农村和社区夜校、老年大学，将社会闲散人员组织起来，通过学习知识和技能来拓宽眼界、放大格局、提升文化素养。第三，要从社会救助入手。2020

年后，社会救助要从物质、金钱层面的救助拓展到精神层面的救助，包括文教娱乐救助、心理咨询救助、精神慰藉救助等，实现对相对贫困群体物质与精神的双向救助。

综上所述，2020年后我国的相对贫困治理将转型为常规化的治理模式，普惠型的治理制度。在此基础上，对我国相对贫困治理重点关注的群体进行分类，针对各类潜在相对贫困群体的异质性表现提出具有差异化的贫困治理措施，是探索解决相对贫困长效机制的必经之路，也是实现国家贫困治理体系现代化和提升治理能力的必要手段。

基于上文筛选出的相对贫困群体，本书将从消费的角度对公共转移支付的减贫效应以及提升公共转移支付减少相对贫困的路径进行探索和研究。

5 我国公共转移支付减贫效应的统计测度

我国虽然已经消除了绝对贫困，但这并不代表贫困的终结、扶贫任务的结束。我国已进入解决相对贫困问题的新阶段，是又一个扶贫任务的开始。通过上一章分析发现，与绝对贫困相比，相对贫困的内涵、成因更加复杂。因此，相对贫困的治理任务也将更加繁重，对缩小收入差距，改善收入分配，促进公平正义的要求也更高。基于此，现有的公共转移支付政策能否胜任未来减少相对贫困的任务，需要我们加以探讨和分析。本章根据第4章筛选出的相对贫困家庭，从消费的角度采用倾向得分匹配（PSM）法对公共转移支付的相对贫困减贫效应以及居民从公共转移支付政策中的获益程度进行研究，总结公共转移支付在减贫过程中存在的问题，提出行之有效的改进方案，加强公共转移支付反贫困的顶层设计，为我国新时期反贫困工作的顺利开展提供参考依据。

5.1　我国面向家庭的公共转移支付体系

由第2章我国面向家庭和个人公共转移支付的分类可知，公共转移支付分为政府补贴和社会保险①，虽然二者均具有减贫的性质，但社会保险不是只针对贫困群体的转移支付，而且具有普惠性，故本书选择与CFPS问卷中政府补助②相对应的政府补贴进行公共转移支付减贫效应的研究。另外，在CFPS问卷中公共转移支付是以家庭为单位提供的，故在本章节以家庭为单位进行研究。目前，我国面向家庭的公共转移支付主要包括最低生活保障、五保户补助、特困补助、救济金、赈灾款等。图5-1展示了我国面向家庭的公共转移支付中占比最大的社会救助历年变化情况，

---

① 李实等（2016）和倪志良等（2020）认为养老保险和医疗保险等社会保险具有公共转移支付属性，可以反映居民在社会保障和公共服务中的获益程度，而且具有普惠性质，并非针对特定群体的转移项目，制度覆盖人群广、对居民生活影响深刻。

② CFPS问卷中，从政府得到的各种转移支付收入，简称政府补助。政府补助包括低保、五保户补助、特困户补助、供养直系亲属抚恤金、救济金、赈灾款（包括实物形式）等各类由政府发放的补贴。资料来源：中国家庭追踪调查网站（http://www.isss.pku.edu.cn/cfps/gycfps/cfpsry/index.htm）。

可以看出，除2018年社会救助比2017年下降了0.4%，其余年份，我国社会救助始终呈现上升趋势。那么公共转移支付的减贫效果如何呢？下面从消费的角度来具体分析一下公共转移支付的减贫效应。首先我们结合第2章公共转移支付对居民消费的作用机制来分析一下公共转移支付与居民消费的关系。

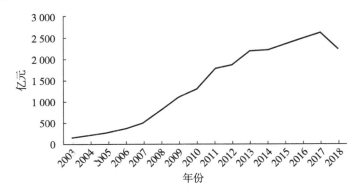

图 5-1　2003—2018 年我国社会救助变化情况

5.2　公共转移支付与居民消费的关系

公共转移支付作为政府公共支出中非常重要的组成部分一直都是国内外居民关注的焦点，它对于改善民生福祉具有重要的作用。学界基于公共转移支付的分类对公共转移支付的研究主要分成两部分，一部分是公共转移支付对贫困等特殊群体的减贫效应，另一部分是公共转移支付对全体居民收入分配的调节作用以及生活方式改变的研究。学者们对以上问题研究的角度和方法各不相同，因而得出的结论也不同。其中公共转移支付对全体居民消费影响的研究得出的结论主要是围绕公共转移支付对全体居民消费的挤进、挤出以及不确定效应。支持公共转移支付对居民消费具有挤进效应的主要是认为公共转移支付本身作为一项收入，直接对消费起到促进作用；公共转移支付减少了居民对将来收入和支出预期的不确定性，因此降低了预防性储蓄，提高了消费；公共转移支付属于收入再分配，其通过再分配改变了居民的收入分配状况，促进了公平，提高了消费。支持公共转移支付对居民消费具有挤出效应的主要是认为不同收入阶层的心理成本是不同的，因而具有不同的边际消费倾向。另外，公共转移支付中养老金等社会保险是半福利性质的，强制扣除部分工资后导致居民减少现期消费。也有学者认为公共转移支付对居民消费的影响不确定或者不显著，主要是认为在综合性因素影响下，公共转移支付对消费挤进与挤出的对抗中形成了不确定关系。另外，在一些财政转移支付制度不完善的地区，公共转移支付对消费没有显著的影响。

1.公共转移支付促进居民家庭消费

Feldstein（2000）研究认为，养老保险具有降低储蓄、促进消费的净效应，尤其是现收现付的养老模式导致资产的替代效应大于引致退休效应使得美国储蓄量减少[185]。Brakman等（2002）研究发现，公共转移支付是否对消费有促进作用，关键在于居民的收入是内源性的还是外在性的，如果是外在性收入，公共转移支付就会对居民消费起到促进作用[186]。Wagstaff和Pradhan（2005）研究认为，医疗保险对医疗消费有促进作用，因而降低了储蓄[187]。Gao等（2010）研究发现，在城市获得低保的家庭其发展性支出中的教育支出和医疗支出得到了显著的增加，但是生存性支出没有变化，从而最终消费品的增量有限[188]。Bai和Wu（2014）也研究发现，医疗保险给居民带来了福利，居民因此降低了预防性储蓄，增加了消费[189]。

都阳和Albert（2007）研究发现，城市最低生活保障促进了贫困人口发展性支出中的教育支出和生存性支出中的食品支出[64]。陈梦真（2010）认为，养老保险对城镇居民消费有显著的促进作用[190]。甘犁等（2010）和白重恩等（2012）研究认为，医疗保险具有显著的福利效应，降低了居民的预防性储蓄，提高了居民消费水平[191-192]。武晓利和晁江锋（2014）研究发现，政府的转移性支出相比政府的消费性支出，对居民的消费不但具有促进作用，还能够提高居民的消费率[193]。刘小川和汪利锬（2014）研究发现，公共支出与居民消费呈倒"U"形曲线关系，二者关系的走向取决于政府的边际支出倾向与居民的边际消费倾向，将公共支出分类来看，公共支出中的民生性支出促进了居民消费[194]。梁晓敏和汪三贵（2015）研究发现，农村最低生活保障促进了农民现期的食品、医疗和转移性消费支出[195]。

受二元结构的影响，我国城乡发展差距较大导致政府的公共支出水平不同，另外城乡的公共转移支付政策也有差异。因此，有学者研究了公共转移支付对城乡居民消费影响的差异性。李琼英和张金明（2009）研究发现，农村居民消费水平与社会救济、养老保险等呈高度正相关，养老保险对农村居民消费的提高作用大于城镇居民[196]。李立和李春琦（2019）认为政府转移支付对家庭消费的平滑起到了正向作用，但是却造成了区域间消费平滑的差距，主要源于我国东西部、城镇和农村的经济发展存在差距，地方政府的转移性支付分配不均等[197]。吴敏（2020）研究发现，现金转移支付对享受低保家庭的消费性支出和福利性支出具有一定的刺激作用。对消费性支出的刺激作用仅体现在食物支出上。而且对农村低保家庭的消费刺激作用大于城镇[198]。

2.公共转移支付抑制居民家庭消费

Cagan（1965）研究发现，拥有养老保险的居民会有提前退休的欲望，因此会减少其在工作期间的消费，增加储蓄，以平滑其退休以后的消费，这是典型的"引致退休效应"[199]。Alan和Blinder（1975）研究发现，收入再分配并没有对消费产生显著的影响，也就是说，公共转移支付等再分配政策并没有显著地缩小收入差距，促进消费[200]。赵卫华（2004）研究发现，我国的养老保险体系能够促进居民消费，但对城镇从事体力劳动的居民消费具有挤出效应[201]。杨天宇和王小婷（2007）研究发现，对于不同的收入阶层，养老保险的制度是不同的，养老保险对某一阶层消费支出的挤出效应远大于对另一收入阶层消费支出的挤入作用，因此，从整体来看，抑制了消费[202]。谢文和吴庆田（2009）研究发现，社会保险制度抑制了我国居民的消费[203]。白重恩等（2012）研究发现，当居民的缴费前收入和养老保险普及率给定时，养老保险缴费率每增加1%，挤出居民生活消费2.58%[204]。李珍和赵青（2015）研究表明，养老保险的普及率对消费有弱挤出效应，社会养老保险替代率对居民消费的影响并不显著[205]。冯博（2015）研究得出，随着人口老龄化的加剧，养老保险对消费的挤入效应会转变为挤出效应[206]。

3.公共转移支付对居民家庭消费的影响不确定或者不显著

Barro（1974）研究发现，由于存在遗赠储蓄动机导致养老保险不能挤出储蓄，释放消费[207]。Kotlikoff（1979）研究认为，养老金将收入从缴纳养老保险的居民转移给退休人员，因此缴费者可能会增加自己的储蓄，假设还存在遗赠动机，那么缴费者会将自己的储蓄赠与其子女以抵消子女受养老保险缴费的影响，因此私人储蓄得以增加[208]。Eric等（2001）认为，失业保险为失业者在失业期间提供的收入能保障其消费平滑，而不至于大幅减少。但是从长期来看，失业保险对消费作用并不显著[209]。布兰查德和费希尔（1998）分析了养老保险对居民生命周期消费行为的影响，认为在现收现付制下，养老保险会使居民减少储蓄，但二者不是完全的替代关系[210]。Maitra和Ray（2003）发现，公共现金转移支付对消费并没有促进作用[211]。Philip等（2009）研究发现，新型农村合作医疗没有显著提高农户的消费水平[212]。尹华北和王新海（2010）研究发现，转移收入无论是作为收入因素还是作为非收入因素都会对农村居民的消费具有促进作用。但税收返还制的公共转移支付对农村居民消费的影响还不显著[213]。张攀峰和陈池波（2012）则认为新农保对农户消费的刺激作用有限[214]。马光荣和周广肃（2014）认为，新型农村社会养老保险对家庭消费率的提升和消费数额的增长均没有影响[215]。魏勇（2017）研究发现，公共支出中用于中低收入者的社会保险比例偏低，因此中低收入水平居民的社保福利不能实现帕累托改进，由此可能造成社会分化[216]。

5.3 消费视角下公共转移支付减贫效应的实证分析

5.3.1 模型与测度方法简介

1.倾向得分匹配（PSM）法

从消费的角度测度公共转移支付的相对贫困减贫效应时，需要考虑以下几个问题：首先，相对贫困家庭是否接受了政府的公共转移支付，是政府根据相关政策综合衡量家庭收入等因素来确定的，属于非随机现象，并且还可能存在一些其他不可观测的因素，比如户主的心理是否健康，家庭成员的健康状况，私人转移支付，家中儿童、成人和老人的数量，地区等因素的影响。其次，测度公共转移支付对相对贫困家庭消费的影响，实际上就是对比分析接受公共转移支付的相对贫困家庭与未接受公共转移支付的相对贫困家庭的消费数量和结构，而每一个相对贫困家庭只能呈现一种状态，无法知道接受了公共转移支付的家庭如果没有接受公共转移支付的消费状况，也无法知道未接受公共转移支付的相对贫困家庭如果接受了公共转移支付的消费状况，这就是所谓的"反事实缺失"问题，当缺失与实际情况相反的数据时，样本就成为总体中的一个非随机样本，因而会造成估计结果产生偏误。最后，鉴于存在未被采集到的异质性因素，即使接受了一样数额的公共转移支付，不同的相对贫困家庭也可能会因为未被采集到的异质性因素做出不同的消费决策，从而有不同的消费数量和消费结构。比如相对贫困家庭的一些自我选择因素会对消费数量和结构产生影响，最终使得消费数量和结构的差异不仅仅源于相对贫困家庭是否接受公共转移支付。此外，因为政府不是以家庭消费情况提供公共转移支付的，所以可能消费水平高的相对贫困家庭接受了公共转移支付，消费水平低的相对贫困家庭却没接受到公共转移支付，存在反向因果关系。以上问题都会对最终的估计结果产生影响，我们可以采用倾向得分匹配（PSM）法解决以上问题。

　　设T_i是二元选择变量，将相对贫困家庭分成两组，一组是接受公共转移支付的相对贫困家庭，设定为处理组$T_i=1$，另一组是未接受公共转移支付的相对贫困家庭，设定为控制组$T_i=0$。结果变量为$Y_i(T_i)$，$i=1, 2, \cdots, n$，n为相对贫困家庭数，第i个家庭获得的减贫效应是$\theta_i=Y_i(1)-Y_i(0)$，但是对于每个相对贫困家庭i，只能观察到$Y_i(1)$、$Y_i(0)$的其中一种结果，不可观察到的结果为结果的反事实。一般的OLS回归是对所有相对贫困家庭平均减贫效应的估计，通过假设控制较多的协变量来消除接受公共转移支付的相对贫困家庭与未接受公共转移支付的相对贫困家庭的消费差异，同时假定接受公共转移支付的相对贫困家庭获得的减贫效应是一致的，这显然是不对的，因为OLS回归分析中没有考虑相对贫困家庭消费的自我选择问题。此外，OLS回归可能将接受公共转移支付与未接受公共转移支付中无法比较的两组相对贫困家庭结合在一起分析，这将造成严重的偏误。实际上，对于接受公共转移支付的相对贫困家庭的平均处理效应（ATT）即平均减贫效应应该为：

$$\theta_{ATT}= E(\theta \mid T=1)= E[Y(1) \mid T=1]-E[Y(0) \mid T=1] \tag{5-1}$$

　　其中，接受公共转移支付的相对贫困家庭的反事实均值——$E[Y(0) \mid T=1]$是不可观测到的。如果用未接受公共转移支付的相对贫困家庭的平均效应$E[Y(0) \mid T=0]$来代替并不可取，因为可能存在一些影响接受公共转移支付的因素也会影响其消费水平，也就是说即使没有公共转移支付这一因素，两组相对贫困家庭的消费也会因其他因素的影响而不同，因此不能单纯认为是因为接受公共转移支付而产生的消费差距，这就是所谓的"自我选择偏误"问题，可以表示为：

$$E[Y(1) \mid T=1]-E[Y(0) \mid T=0]=\theta_{ATT}+E[Y(0) \mid T=1]-E[Y(0) \mid T=0] \tag{5-2}$$

　　其中，"自我选择偏误"为：

$$E[Y(0) \mid T=1]-E[Y(0) \mid T=0] \tag{5-3}$$

　　只有接受公共转移支付是随机的，此时平均处理效应ATT才可以测算出来。如果接受公共转移支付并不是随机的，则需要建立假设来处理以上的自选择偏误。倾向得分匹配（PSM）法正是基于反事实框架，对于每一个接受公共转移支付的相对贫困家庭寻找一个与其具有非常相似特征的未接受公共转移支付的相对贫困家庭，然后计算二者的消费差距，就会得到比直接用OLS回归测算得到的公共转移支付减贫效应更加准确的结果。

2.倾向得分匹配（PSM）法的前提假设

（1）条件独立假设

假设找到一组协变量X，它们既与是否接受公共转移支付有关又与消费相关，

控制了协变量 X 后，这时是否接受公共转移支付就是随机的，然后根据协变量进行分层配对，每一层里均有接受公共转移支付的相对贫困家庭和未接受公共转移支付的相对贫困家庭，他们之间唯一的差别就是是否接受了公共转移支付。在条件独立假设下，可以识别出不可观测的反事实结果，表示为：

$$Y(0) \perp T \mid X \Rightarrow E[Y(0) \mid X, T=1] = E[Y(0) \mid X, T=0] \tag{5-4}$$

$$Y(1) \perp T \mid X \Rightarrow E[Y(1) \mid X, T=1] = E[Y(1) \mid X, T=0] \tag{5-5}$$

当协变量 X 较多的时候，基于所有协变量来分层配对就会产生困难，样本量可能不能保证每一层都有接受公共转移支付的相对贫困家庭和未接受公共转移支付的相对贫困家庭。Rosenbaum 和 Rubin（1983）建议使用倾向得分匹配（PSM）法来处理多维问题[217]，表示为：

$$Y(1), Y(0) \perp T \mid X \Rightarrow Y(1), Y(0) \perp T \mid P(X), \forall X \tag{5-6}$$

其中 $P(X) = P(T=1 \mid X)$ 代表基于协变量 X 的相对贫困家庭属于接受了公共转移支付组的概率。

（2）共同支撑假设

假设具有相同协变量 X 的相对贫困家庭，具有接受公共转移支付的相对贫困家庭与未接受公共转移支付的相对贫困家庭的正向概率，也就是接受公共转移支付的相对贫困家庭与未接受公共转移支付的相对贫困家庭的倾向得分需要有相同的部分，即

对于接受公共转移支付的相对贫困家庭：

$$P(X) = P(T=1 \mid X) \tag{5-7}$$

对于未接受公共转移支付的相对贫困家庭：

$$P(T=1 \mid X) > 0 \tag{5-8}$$

对于任意一个相对贫困家庭：

$$0 < P(X) < 1 \tag{5-9}$$

Heckman 等（1997）指出，倾向得分匹配只有在共同支撑区域被应用才有其实际意义，因为对那些 $P(X)=1$，$P(X)=0$ 的相对贫困家庭而言，代表着一定会接受公共转移支付或未接受公共转移支付，并不存在匹配的相对贫困家庭，此时的匹配将无法进行[218]。

基于以上假设，获得三类平均处理效应：

对于接受公共转移支付的相对贫困家庭对消费的平均处理效应（ATT）：

$$ATT = E[Y(1) \mid X, T=1] - E[Y(0) \mid X, T=0] \tag{5-10}$$

对于未接受公共转移支付的相对贫困家庭对消费的平均处理效应（ATU）：

$$ATU = E[Y(0) | X, T=1] - E[Y(0) | X, T=0] \tag{5-11}$$

总体的平均处理效应（ATE）：

$$\begin{aligned}
ATE &= E[Y(1) - Y(0)] = E[Y(1)] - E[Y(0)] \\
&= \{\psi E[Y(1) | T=1] + (1-\psi)E[Y(1) | T=0]\} - \\
&\quad \{\psi E[Y(0) | T=1] + (1-\psi)E[Y(0) | T=0]\} \\
&= \psi\{E[Y(1) | T=1] - E[Y(0) | T=1]\} + \\
&\quad (1-\psi)\{E[Y(1) | T=0] - E[Y(0) | T=0]\}
\end{aligned} \tag{5-12}$$

其中 ψ 指总体中接受公共转移支付的相对贫困家庭的比例。

3. 估计步骤

（1）选取与是否接受公共转移支付和消费有关的变量作为协变量 X。

（2）使用 Logit 或者 Probit 模型估计倾向得分 $P(X)$。

（3）对每一个接受公共转移支付的相对贫困家庭找到"匹配"的未接受公共转移支付的相对贫困家庭。

（4）验证共同支撑假设条件以及平衡性假定条件，进行平衡性假定检验主要考察标准化偏差。

（5）以上检验通过后，根据匹配后的样本数据计算平均处理效应（ATT）。

目前常用的匹配方法有三种，分别是最近邻匹配法、卡尺匹配法和核匹配法。设 Y_{1i} 和 Y_{0i} 分别为接受公共转移支付的相对贫困家庭和未接受公共转移支付的相对贫困家庭的消费水平，T_1 代表接受公共转移支付的相对贫困家庭，数量为 n_1，T_0 代表未接受公共转移支付的相对贫困家庭，P 为倾向得分，$C(i)$ 代表接受公共转移支付的相对贫困家庭 i 和与之匹配的未接受公共转移支付的相对贫困家庭，最近邻匹配法是找到倾向得分最近的个体进行匹配，即

$$C(i) = \min_j \|P(i) - P(j)\| \tag{5-13}$$

卡尺匹配法也称为半径匹配法，其限制倾向得分的决定距离，在该距离范围内进行匹配，即

$$\|P(i) - P(j)\| < \varepsilon, \quad \varepsilon \leq 0.25\hat{\sigma}_p \tag{5-14}$$

其中，$\hat{\sigma}_p$ 为倾向得分的样本标准差。ε 设定越小，损失的样本量就越多。$C(i)$ 的容量为 N_i，PSM 的估计量，即平均处理效应 ATT 为：

$$ATT = \frac{1}{n_1} \sum_{i \in T_1} \left[Y_{1i} - \sum_{j \in C(i)} w(i,j) Y_{0j} \right] \tag{5-15}$$

其中，$w(i,j)$ 是权数。

匹配估计量为：

$$ATT = \frac{1}{n_1} \sum_{i \in T_1} \left[Y_{1i} - \sum_{j \in C(i)} \frac{1}{N_i} Y_{0j} \right] \qquad (5\text{–}16)$$

当运用核函数计算权数 $w(i,j)$ 时，就称为核匹配法。核匹配估计量为：

$$ATT = \frac{1}{n_1} \sum_{i \in T_1} \left[Y_{1i} - \frac{\sum_{j \in C} Y_{0j} G(P_j - P_i)/h_n}{\sum_{k \in C} G(P_k - P_i)/h_n} \right] \qquad (5\text{–}17)$$

其中，h_n 为指定宽度，$G(P_j - P_i)$ 和 $G(P_k - P_i)$ 为核函数。接下来的分析中，为保证结果的稳健性，本书将使用多种匹配法进行估计。

5.3.2 数据与指标描述

在前面的章节，我们分别用 CFPS 就 2016 年和 2018 年数据测算出了城乡相对贫困线并将等价尺度调整后的家庭人均纯收入与测算出来的城乡绝对贫困线和相对贫困线相比较，筛选出了 2016 年和 2018 年 CFPS 数据中的城乡相对贫困家庭，并分别对相对贫困群体的内在结构特征、地域特征、收入特征以及消费特征进行了解析。本章将基于筛选出的 2018 年城乡相对贫困家庭，从消费的角度来考察公共转移支付的相对贫困减贫效应以及居民从公共转移支付政策中的获益程度。

1. 结果变量

消费数量（consume$_i$）和消费结构（structure$_i$）。

本书分别从消费数量和消费结构两个角度考察公共转移支付对相对贫困家庭的消费是否有促进作用。在消费数量方面，选取了家庭消费支出（consume），为更有助于分析，本书对家庭消费支出取了自然对数（ln consume）；前文在测算绝对贫困线和相对贫困线时，将生存型消费（consume$_1$）和发展享受型消费（consume$_2$）作为测算依据。所以在消费结构方面，选取了生存型消费占比（structure$_1$）和发展享受型消费占比（structure$_2$）。依照前文，生存型消费为：食品支出（food）、衣着鞋帽支出（dress）、居住支出（house）；发展享受型消费为：家庭设备及日用品支出（daily）、医疗保健支出（med）、交通通信支出（trco）、文教娱乐支出（eec）、其他支出（other）。

$$consume = 生存型消费 + 发展享受型消费$$

$$structure_1 = \frac{生存型消费}{生存型消费 + 发展享受型消费}$$

$$structure_2 = \frac{发展享受型消费}{生存型消费 + 发展享受型消费}$$

2.处理变量

是否接受政府补助（T_i），T_1代表接受了政府补助，为处理组；T_2代表未接受政府补助，为控制组。

3.协变量

本书根据消费理论、消费贫困理论和公共支出理论来选取协变量，并用Logit模型估计倾向得分，选择满足平衡性及显著性水平较高的协变量估计最终的倾向得分。

（1）人口特征变量

户主的心理健康状况（mental）：本书默认被调查者为户主，将CFPS问卷中描述被调查者心理状态的三个问题，即"我感到情绪低落""我感到悲伤难过""我感到生活无法继续"进行整理。如果一个人在一周中至少有三天感到情绪低落、难过悲伤或者生活无法继续就视为心理疾病患者。一般来说，户主是家庭重大事件的决策者，家庭的生活方式和经济安排都与户主密切相关。因此户主的精神面貌也决定了一个家庭的精神面貌。

家庭成员的平均健康状况（healthy）：健康状况分为"非常健康""很健康""比较健康""一般""不健康"五个等级，分别赋值 $1 \sim 5$。家庭成员的健康状况对家庭的消费数量和消费结构都会产生巨大影响，也是我国家庭致贫的主要原因。

家庭的年龄构成：同居共财的儿童数（child）、成人数（adult）和老人数（elder），为与上文保持一致，将CFPS数据调查期未满16周岁的人口定义为儿童，16周岁到59周岁的人口定义为成年人，年满60周岁的人口定义为老年人。

（2）地域特征变量

受地方经济发展影响，各地区的财政实力各不相同，居民生活水平也有所差别。故按照国家统计局划分标准，将样本中相对贫困家庭所在的地区（pro_i）划分为东部地区（pro_1）、中部地区（pro_2）、西部地区（pro_3）和东北部地区（pro_4），与前文划分标准保持一致。

（3）经济变量

工资性收入（wage）：在总收入中占比最高。在这里需要强调的是家庭出租性等资产还有存款等对家庭的消费和是否接受公共转移支付具有重要的影响，但是本书筛选出来的相对贫困家庭总资产和存款几乎为0。

私人转移支付（ptransfer）：本书参考解垩（2010）提出的私人转移支付由不属于家庭成员的子女赠与的钱和礼品价值、不属于家庭成员的父母赠与的钱和礼品价值、其他亲戚与朋友赠与的钱和礼品价值等组成[219]。在CFPS问卷中包括：子女给的钱、亲戚给的钱、其他人给的钱，由于无法确认子女是否属于家庭成员，故本书舍掉该项，将亲戚给的钱与其他人给的钱之和作为私人转移支付，将亲戚给的钱和其他人给的钱分别记作ptransfer$_1$和ptransfer$_2$。汪三贵和Pakk（2010）认为，在考察农户的贫困情况时，储蓄和私人转移支付等常常被忽略，可见私人转移支付是家庭收入中非常重要的一部分[220]。

如表5-1所示，从户主心理健康状况来看，城镇相对贫困家庭户主的心理健康状况要好于农村相对贫困家庭。内部比较来看，未接受公共转移支付相对贫困家庭户主的心理健康状况好于接受公共转移支付相对贫困家庭。前文在分析时也提到户主的健康状况相比于其他家庭成员更能直接影响到整个家庭的生计水平，心理健康是衡量健康程度的重要指标，因此，可以认为户主的心理健康状况是相对贫困家庭是否接受公共转移支付的影响因素。

从家庭成员特征来看，城镇相对贫困家庭成员的平均健康状况与农村相对贫困家庭的状况相差无几。内部比较来看，未接受公共转移支付相对贫困家庭成员的平均健康状况好于接受公共转移支付相对贫困家庭。众所周知，各种疾病是家庭致贫的主要因素，因此，与心理健康一样，也可以认为家庭成员的健康状况是相对贫困家庭是否能够接受到公共转移支付的影响因素。从家庭儿童、成人和老人的数量来看，城镇相对贫困家庭的儿童和成人数多于农村相对贫困家庭的儿童和成人数，而农村相对贫困家庭的老人数多于城镇相对家庭的老人数。内部比较来看，未接受公共转移支付相对贫困家庭的儿童和成人数多于接受公共转移支付相对贫困家庭的儿童和成人数。未接受公共转移支付相对贫困家庭的老人数少于接受公共转移支付相对贫困家庭的老人数。可以认为，成人和孩子相对于老人是城镇家庭致贫的主要因素，而老人相对于成人和孩子是农村家庭致贫的主要因素，这与前面章节分析的结果一致。但是老人是影响相对贫困家庭是否接受公共转移支付的关键因素。

从地域特征来看，东部地区无论是城镇还是农村，未接受公共转移支付的相对贫困家庭数量都多于接受公共转移支付的相对贫困家庭，中部和西部情况恰好与东部地区相反，而东北部地区无规律可言。

从家庭经济状况来看，城镇相对贫困家庭的工资性收入、私人转移支付以及私人转移支付各分项（亲戚给的钱和其他人给的钱）均高于农村相对贫困家庭。内部比较来看，无论城乡，未接受公共转移支付的相对贫困家庭的工资性收入、私人转移支付以及私人转移支付各分项（亲戚给的钱和其他人给的钱）均高于接受公共转移支付的相对贫困家庭。有可能公共转移支付对相对贫困家庭的工资性收入和私人转移支付有挤出作用，这一点有待我们进一步分析加以证明。

城镇相对贫困家庭的消费普遍高于农村相对贫困家庭。无论是城镇还是农村，未接受公共转移支付相对贫困家庭的消费普遍高于接受公共转移支付相对贫困家庭的消费。经典消费理论认为，公共转移支付有利于促进低收入家庭的消费，但本书的描述性统计分析结果却恰恰相反，这也有待我们进一步分析查找原因。从相对贫困家庭生存型消费占比的均值来看，农村相对贫困家庭生存型消费占比的均值低于城镇相对贫困家庭，这一点与人们日常的对于城镇和农村生存消费占比的理解恰好相反。从相对贫困的角度来看，城镇相对贫困家庭的贫困程度可能高于农村相对贫困家庭。另外，城镇和农村未接受公共转移支付的相对贫困家庭生存型消费占比的均值普遍大于接受公共转移支付的相对贫困家庭。发展与享受型消费的占比与生存型消费的占比正好相反。从这一点可以看出，接受公共转移支付的对城乡相对贫困家庭消费结构的升级起到了一定的促进作用，但这种效果是否显著，也有待接下来的分析进一步验证。

还有一点值得关注的是，城乡相对贫困家庭生存型消费占比非常大，城镇平均最高达到了63%，而发展与享受型消费占比不容乐观。可见政府还应从调整城乡相对贫困家庭消费结构方面下功夫，消费结构升级了，贫困自然就会有所减少。基于以上所选择的变量，本书接下来将运用倾向得分匹配（PSM）法进行实证分析来验证以上描述性统计分析的结论。

表5-1　2018年城乡相对贫困家庭的描述性统计（1）

变量名称	变量标签	统计量	城镇		农村	
			接受	未接受	接受	未接受
户主特征						
心理健康状况	mental	最大值	1	1	1	1
		最小值	0	0	0	0
		均值	0.38	0.31	0.43	0.38
		标准差	0.49	0.46	0.50	0.48

变量名称	变量标签	统计量	城镇		农村	
			接受	未接受	接受	未接受
家庭成员特征						
平均健康状况	healthy	最大值	5	5	5	5
		最小值	0	0	0	0
		均值	4.00	3.66	4.07	3.67
		标准差	1.51	1.46	1.26	1.59
儿童数	child	最大值	3	5	4	3
		最小值	0	0	0	0
		均值	0.32	0.41	0.32	0.35
		标准差	0.52	0.58	0.53	0.55
成人数	adult	最大值	5	4	5	4
		最小值	0	0	0	0
		均值	1.42	1.58	1.31	1.33
		标准差	1.04	1.01	1.06	1.04
老人数	elder	最大值	2	3	3	2
		最小值	0	0	0	0
		均值	0.60	0.47	0.63	0.56
		标准差	0.82	0.79	0.85	0.81
地域特征	pro_i					
东部	pro_1	最大值	1	1	1	1
		最小值	0	0	0	0
		均值	0.22	0.39	0.15	0.42
		标准差	0.41	0.49	0.36	0.49
中部	pro_2	最大值	1	1	1	1
		最小值	0	0	0	0
		均值	0.30	0.24	0.24	0.17
		标准差	0.46	0.43	0.42	0.37
西部	pro_3	最大值	1	1	1	1
		最小值	0	0	0	0
		均值	0.36	0.17	0.43	0.29
		标准差	0.48	0.38	0.49	0.45
东北部	pro_4	最大值	1	1	1	1
		最小值	0	0	0	0
		均值	0.12	0.19	0.19	0.12
		标准差	0.33	0.40	0.39	0.32

续　表

变量名称	变量标签	统计量	城镇		农村	
			接受	未接受	接受	未接受
家庭经济情况						
工资性收入	wage	最大值	50 000	45 000	20 000	22 000
		最小值	0.00	0.00	0.00	0.00
		均值	7 353.29	11 609.90	1 827.61	3 000.65
		标准差	10 454.46	11 636.90	3 614.51	4 427.13
私人转移支付	ptransfer	最大值	12 000	20 001	6 000	10 000
		最小值	0	0	0	0
		均值	196.58	497.22	115.30	256.06
		标准差	958.02	2 263.30	550.42	1 052.73
亲戚给的钱	$ptransfer_1$	最大值	8 000	20 000	6 000	10 000
		最小值	0	0	0	0
		均值	162.69	393.41	95.49	235.73
		标准差	780.70	1 997.44	509.88	1 017.68
其他人给的钱	$ptransfer_2$	最大值	12 000	20 000	4 000	3 000
		最小值	0	0	0	0
		均值	33.89	103.81	19.81	20.33
		标准差	545.63	1 063.11	210.46	196.23
家庭消费支出（取对数）	ln consume	最大值	13.07	13.80	12.72	12.83
		最小值	3.22	8.04	6.84	7.24
		均值	10.26	10.64	9.95	10.12
		标准差	1.06	0.85	0.90	0.98
生存型消费占比	$structure_1$	最大值	0.98	0.99	1.00	0.98
		最小值	0.00	0.04	0.05	0.04
		均值	0.60	0.63	0.56	0.58
		标准差	0.21	0.19	0.22	0.21
发展享受型消费占比	$structure_2$	最大值	1.00	0.96	0.96	0.96
		最小值	0.02	0.01	0.00	0.02
		均值	0.40	0.37	0.44	0.42
		标准差	0.21	0.19	0.22	0.21
样本容量			516	673	809	381

数据来源：Stata15.0统计结果。

5.3.3 实证结果分析

1. Logit模型估计结果分析

根据倾向得分匹配（PSM）法的步骤，在确定协变量的基础上，本书利用Logit模型估计倾向得分，考察各个变量对接受公共转移支付和未接受公共转移支付相对贫困家庭作用的方向及程度，表5-2是倾向得分结果。

表5-2　接受公共转移支付和未接受公共转移支付相对贫困家庭的倾向得分结果

解释变量	城镇	农村	解释变量	城镇	农村
心理健康状况	0.3148**	0.0855	中部	0.7085***	−0.1376
mental	(0.1360)	(0.1408)	pro₂	(0.1983)	(0.2292)
健康状况	0.1125**	0.1785***	西部	1.1835***	−0.0421
healthy	(0.0466)	(0.0495)	pro₃	(0.2023)	(0.2101)
儿童数	−0.0831	−0.0273	工资性收入	−0.0002***	−0.0001***
child	(0.1343)	(0.1367)	wage	(0.0000)	(0.0000)
成人数	0.1923	0.1363	私人转移支付	−0.0001**	−0.0003***
adult	(0.1183)	(0.1206)	ptransfer	(0.0001)	(0.0001)
老人数	0.3766**	0.3611**	常数项	−1.0790***	0.4262
elder	(0.1867)	(0.1763)	_Cons	(0.2928)	(0.3114)
东部	−0.2397	−1.5390***	对数似然值	−735.56108	−668.10721
pro₁	(0.1976)	(0.2139)	Pseudo R²	0.0970	0.1059

注：*、**、***分别表示在10%、5%、1%的显著性水平下显著。

如表5-2所示，户主的心理健康状况对城镇相对贫困家庭接受公共转移支付有显著的正向影响，而对农村相对贫困家庭接受公共转移支付影响不显著。家庭成员的健康状况对城镇和农村相对贫困家庭接受公共转移支付都有正向影响。儿童和成人数对城镇和农村相对贫困家庭接受公共转移支付的影响不显著。只有老人数对城镇和农村相对贫困家庭接受公共转移支付有正向影响。对于地区而言，受各地区经济发展和公共转移支付政策差异的影响，东部地区对其农村相对贫困家庭接受公共转移支付具有正向影响，中部地区和西部地区对其城镇相对贫困家庭接受公共转移支付具有正向影响。工资性收入和私人转移支付均对城乡家庭接受公共转移支付有负向影响。这也进一步证实了公共转移支付与工资性收入和私人转移支付之间互有挤出作用。

2. 匹配结果检验

为保证匹配质量，本书分别使用了最近邻匹配法、卡尺匹配法和核匹配法进行匹配，下文将给出核匹配法的结果。

（1）共同支撑假设检验

图5-2和图5-3分别给出了Logit模型估计的城镇和农村接受和未接受公共转移支付相对贫困家庭得到的倾向得分直方图。以上两图中黑色和灰色分别代表控制组、处理组没有匹配的相对贫困家庭，网线和斜线分别代表控制组、处理组相匹配的相对贫困家庭，可以明显看出黑色和灰色的区域非常少，大多数观测值均有匹配的对象，这证明，在进行倾向匹配时损失了非常少的样本，满足共同支撑假设。

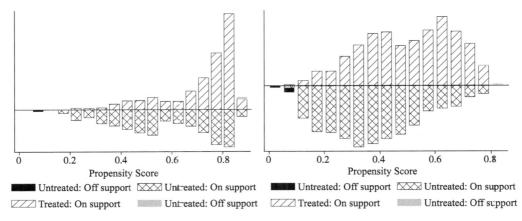

图 5-2　倾向得分直方图（城镇）　　　图 5-3　　倾向得分直方图（农村）

（2）协变量平衡性检验

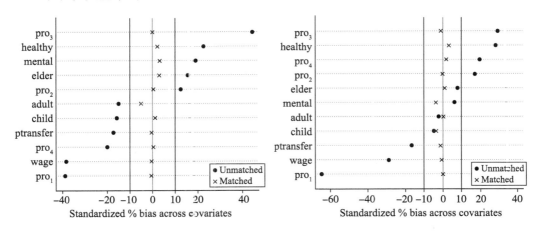

图 5-4　标准化偏差变化图（城镇）　　　图 5-5　标准化偏差变化图（农村）

由城镇和农村匹配前后标准化偏差变化图（图5-4和图5-5）可以看出，无论是城镇还是农村，匹配后处理组与控制组协变量标准化偏差均小于10%[①]，表明匹配成功。

由表5-3可知，城镇接受和未接受公共转移支付相对贫困家庭匹配前的协变量均值都存在显著差异，但是匹配后，t统计量值都大幅下降，变成不显著。

表5-3　城镇接受和未接受公共转移支付相对贫困家庭匹配前后协变量均值差异比较

变量	匹配状态	均值		标准偏差/% bias	t检验	
		接受 treat	未接受 control		t统计量	p值
健康状况 healthy	匹配前	4.0019	3.6642	22.7	3.89	0.000
	匹配后	3.9961	3.9634	2.2	0.40	0.691
心理健康状况 mental	匹配前	0.35465	0.26597	19.2	3.31	0.001
	匹配后	0.35283	0.33754	3.3	0.51	0.607
儿童数 child	匹配前	0.31977	0.40713	−15.8	−2.68	0.007
	匹配后	0.32164	0.31576	1.1	0.18	0.854
成人数 adult	匹配前	1.4205	1.575	−15.0	−2.58	0.010
	匹配后	1.4152	1.466	−5.0	−0.78	0.436
老人数 elder	匹配前	0.60078	0.474	15.7	2.70	0.007
	匹配后	0.59649	0.5724	3.0	0.46	0.644
东部 pro_1	匹配前	0.21705	0.39227	−38.7	−6.55	0.000
	匹配后	0.21832	0.22052	−0.5	−0.08	0.932
中部 pro_2	匹配前	0.29651	0.24071	12.6	2.16	0.031
	匹配后	0.29825	0.29718	0.2	0.04	0.970
西部 pro_3	匹配前	0.36434	0.17236	44.3	7.70	0.000
	匹配后	0.36062	0.36055	0.0	0.00	0.998
东北部 pro_4	匹配前	0.12209	0.19465	−20.0	−3.37	0.001
	匹配后	0.12281	0.12175	0.3	0.05	0.959
工资性收入 wage	匹配前	7367.5	11610	−38.3	−6.50	0.000
	匹配后	7410.6	7454.5	−0.4	−0.07	0.945
私人转移支付 ptransfer	匹配前	196.96	497.22	−17.3	−2.82	0.005
	匹配后	198.11	204.46	−0.4	−0.10	0.919

---

① Rubin（1985）表明，匹配后处理组与控制组协变量标准化偏差小于20%，表明匹配较成功。

由表5-4可知，农村接受和未接受公共转移支付相对贫困家庭匹配前，协变量健康状况、东部、中部、西部、东北部、工资性收入和私人转移支付均值都存在显著差异，匹配后t统计量值也都大幅下降，变成不显著。协变量儿童数、成人数、老人数和心理健康状况的均值在匹配前就没有显著差异，匹配后t值进一步下降，变得更加不显著，表明匹配后仍有一定的效果。表5-3和表5-4的结果均满足了平衡性检验的要求。

表5-4 农村接受和未接受公共转移支付相对贫困家庭匹配前后协变量均值差异比较

变量	匹配状态	均值		标准偏差/% bias	t检验	
		接受 treat	未接受 control		t统计量	p值
健康状况 healthy	匹配前	4.0766	3.6667	28.5	4.80	0.000
	匹配后	4.0848	4.0375	3.3	0.80	0.425
心理健康状况 mental	匹配前	0.3894	0.3596	6.2	0.99	0.324
	匹配后	0.3865	0.4044	−3.7	−0.73	0.464
儿童数 child	匹配前	0.32138	0.34646	−4.6	−0.75	0.454
	匹配后	0.32254	0.34192	−3.5	−0.70	0.486
成人数 adult	匹配前	1.3127	1.336	−2.2	−0.36	0.722
	匹配后	1.3055	1.3036	0.2	0.04	0.971
老人数 elder	匹配前	0.62423	0.55906	7.9	1.25	0.210
	匹配后	0.61721	0.60869	1.0	0.20	0.840
东部 pro_1	匹配前	0.1471	0.4252	−64.6	−11.06	0.000
	匹配后	0.14713	0.14775	−0.9	−0.04	0.972
中部 pro_2	匹配前	0.23609	0.16798	17.0	2.68	0.008
	匹配后	0.23691	0.23768	−0.1	−0.04	0.971
西部 pro_3	匹配前	0.42769	0.28871	17.0	4.64	0.000
	匹配后	0.42768	0.43282	−0.2	−0.21	0.836
东北部 pro_4	匹配前	0.18912	0.11811	19.8	3.08	0.002
	匹配后	0.18828	0.18175	1.8	0.34	0.736
工资性收入 wage	匹配前	1838.9	3004.6	−28.8	−4.81	0.000
	匹配后	1855	1879	−0.6	−0.14	0.891
私人转移支付 ptransfer	匹配前	116.01	255.39	−16.6	−2.99	0.003
	匹配后	116.40	127.76	−1.4	−0.42	0.671

本书通过考察和平衡性假定相关的指标再进一步进行匹配结果的平衡性检验。

由表5-5可以看出，无论使用哪一种匹配方法，相比匹配前，匹配后的伪R^2均大幅减小为0.000~0.010，似然比χ^2检验、偏差均值、B值也均大幅减小，R值基本在[0.5，2]范围内。这表明，匹配后各个协变量在两组中没有显著差异，三种匹配方法均符合平衡性假定条件，匹配效果较好。在城镇接受公共转移支付相对贫困家庭和未接受公共转移支付相对贫困家庭的匹配中，卡尺匹配法和核匹配法的B值相比于近邻匹配法下降的速度更快，核匹配法的似然比χ^2检验、偏差均值和B值是三种方法中最小的。可见在城镇接受公共转移支付相对贫困家庭和未接受公共转移支付相对贫困家庭的匹配中，核匹配法最优。在农村接受公共转移支付相对贫困家庭和未接受公共转移支付相对贫困家庭的匹配中，卡尺匹配法和核匹配法的B值相比于近邻匹配法下降的速度更快，卡尺匹配法和核匹配法的其他检验值差异不大。可见在农村接受公共转移支付相对贫困家庭和未接受公共转移支付相对贫困家庭的匹配中，卡尺匹配法和核匹配法匹配效果相较于近邻匹配法匹配效果要好一些。

表5-5　最近邻、卡尺和核匹配法的检验结果

		接受和未接受公共转移支付				
		伪R^2	似然比χ^2检验	偏差均值	B值	R值
城镇	匹配前	0.097	158.66	23.6	76.3*	0.81
	最近邻匹配法	0.004	5.64	2.7	14.8	0.88
	卡尺匹配法	0.001	1.28	1.6	7.1	0.92
	核匹配法	0.001	1.19	1.5	6.8	0.92
农村	匹配前	0.107	159.11	20.5	80.2*	0.55
	最近邻匹配法	0.009	19.24	7.0	21.9	0.88
	卡尺匹配法	0.001	2.08	1.4	7.2	0.93
	核匹配法	0.001	2.08	1.5	7.2	0.95

注：B>25%或R在区间[0.5，2]之外者均标注*，未标注*代表匹配较成功。

3.公共转移支付对城乡相对贫困家庭消费效应的测度

由上文的检验结果可知，核匹配法的效果相较于最近邻匹配和卡尺匹配更胜一筹，故在进行公共转移支付对城乡相对贫困家庭消费效应的测度时，本书使用核匹配的估计结果进行分析。在分析以前本书参考Abadie和Imbens（2006）[211]，使用自助法（Bootstrap）重复500次检验平均处理效应的统计显著性和标准差，参见表5-6。

如表5-6所示，从公共转移支付对城乡相对贫困家庭消费数量影响的角度来看，城镇和农村相对贫困家庭消费支出的平均处理效应分别为-31.01%、-20.32%，并在1%的显著性水平下均通过了检验。由此可知，公共转移支付减少了城乡相对贫困家庭的消费数量，平均分别减少了31.01%和20.32%，因此公共转移支付对城乡相对贫困家庭消费数量产生了负效应。从公共转移支付对城乡相对贫困家庭消费结构影响的角度来看，城乡相对贫困家庭生存型消费支出占比的平均处理效应分别为-1.42%和-0.77%，但是二者没有通过显著性检验。城乡相对贫困家庭发展享受型消费支出占比的平均处理效应分别为1.42%和0.77%，二者也没有通过显著性检验。这表明，公共转移支付对城乡相对贫困家庭消费结构没有显著影响。

表5-6 公共转移支付对城乡相对贫困家庭消费的影响

变量	城镇					农村				
	处理组	控制组	ATT	t值	bootstrap	处理组	控制组	ATT	t值	bootstrap
lnconsume	10.2582	10.5684	-0.3101***	-4.00	0.1172**	9.9468	10.1499	-0.2032***	-2.88	0.1280**
structure₁	0.6015	0.6157	-0.0142	-0.89	0.0252	0.5591	0.5669	-0.0077	-0.51	0.0284
structure₂	0.3985	0.3842	0.0142	0.89	0.0274	0.4409	0.4331	0.0077	0.51	0.0288

数据来源：stata15.0统计结果。

注：*、**、***分别表示在10%、5%、1%的显著性水平下显著。

下面结合前文中有关公共转移支付对消费的作用机制来分析公共转移支付对我国城乡相对贫困家庭的减贫效应。

上文提到，生命周期假说认为，消费者通过借贷和储蓄来平滑整个生命周期的消费，这是建立在消费者处于完善的金融环境下，并且其具有良好的信用记录前提下。但现实是，有很多处于贫困线以下的家庭没有固定收入来源，无法承担借贷成本，很难通过借贷的方式平滑消费，这就是"流动性约束"。本书对筛选出的城乡相对贫困家庭是否有工资性收入、是否有打工收入和是否有做农活的收入分别进行了统计，统计结果城镇依次为：29.13%，26.58%和6.34%；农村依次为：5.58%，18.85%和9.55%，可见城乡相对贫困家庭大多没有固定收入来源，存在很强的流动性约束。泽尔德斯（1989）认为在流动性约束下，家庭会对收入下降的冲击反应过度，比在无流动性约束下更加谨慎消费，过度储蓄。即使没有流动性约束，家庭也会在流动性约束预期下收紧消费、过度储蓄，以防止未来流动性约束和不确定风险的冲击。另外，由于家庭对未来的不确定加上流动性约束的存在，使得其无法对其整个生命周期的消费统筹规划，只能分阶段地规划当期消费和最近的消费，导致"短视"的消费行为，这就更加抑制了家庭的消费行为。

刘飞等（2018）认为，在影响居民消费的诸多因素中，收入是决定居民消费能力的重要因素，公共转移支付等惠民政策是决定居民消费意愿的重要因素。通过以上的分析可知，城乡相对贫困家庭由于大多没有固定收入来源，存在很强的流动性约束，因此预防性储蓄动机相比正常家庭而言更加强烈。原本寄希望于公共转移支付能帮助相对贫困家庭突破风险厌恶点，释放一部分消费，但公共转移支付并没有实现其政策目标，反而抑制了城乡相对贫困家庭的消费[222]。

通过前文描述统计分析部分还可知，公共转移支付对城乡相对贫困家庭的消费结构升级起到了一定的促进作用，但是PSM估计方法的分析结果表明这种作用并不显著。

分城乡来看，公共转移支付使城镇相对贫困家庭的消费平均减少了31.01%，而使农村相对贫困家庭的消费平均减少了20.32%，城乡相差了10.69个百分点。从这一点来看公共转移支付对城镇相对贫困家庭消费的抑制作用大于农村相对贫困家庭。

从政策适用性角度来看，鉴于本书所使用的数据是2018年CFPS问卷，2018年我国还处于脱贫攻坚阶段，公共转移支付等财政政策关注的焦点是农村绝对贫困家庭，政策制定的出发点以及筛选公共转移支付的目标家庭大多基于农村绝对贫困家庭来考虑。从这一点来讲，现有的公共转移支付政策对相对贫困家庭并不适用，尤其对城镇相对贫困家庭。进入相对贫困治理阶段后，政府应基于城乡相对贫困家庭的特点制定出更具针对性、更能满足相对贫困群体可持续发展的公共转移支付政策。

5.4　本章小结

为评估现有的公共转移支付政策能否胜任未来减少相对贫困的任务，本章节根据第4章筛选出的2018年城乡相对贫困家庭，从消费的角度采用倾向得分匹配（PSM）法对公共转移支付的相对贫困减贫效应以及相对贫困家庭从公共转移支付政策中的获益程度进行了研究。

为了明确研究目标，首先结合第2章内容对我国面向家庭的公共转移支付体系进行了阐述。最终确定本书选择政府补贴中与CFPS问卷对应的政府转移收入，即政府补助作为研究对象。另外，在CFPS问卷中公共转移支付是以家庭为单位提供的，故在本章节以家庭为单位进行研究。

明确了目标任务后，再次结合第2章有关公共转移支付对居民消费的作用机制对公共转移支付与居民消费的关系进行了梳理。通过梳理发现，学者们大多基于早期经典的消费理论，即绝对收入假说、相对收入假说、生命周期假说、持久收入假说、预防性储蓄理论以及流动性约束理论围绕公共转移支付对居民家庭消费的促进作用、抑制作用以及不确定影响来研究。

认为公共转移支付对居民家庭消费有促进作用的学者普遍的观点是：①公共转移支付是一项收入，接受了公共转移支付就等于增加了收入，收入的增加必然会促进消费。②公共转移支付作为一种再分配政策，将收入从边际消费倾向低的富人手中转移到边际消费倾向高的穷人手中，从而从整体上提高了社会消费水平。另外，由于存在边际效应递减规律，富人因收入减少所失去的边际效用要低于穷人因增加等量收入所带来的边际效用，因此，可以实现帕累托改进，促进了公平正义。③公共转移支付能起到平滑生命周期消费的作用，公共转移支付政策越完善，居民就越愿意减少预防性储蓄，增加现期消费，边际消费倾向也就越高。④公共转移支付可以视作永久收入，当公共转移支付作为一种收入从高收入者转移到低收入者手中时，高收入者的遗赠储蓄自然会减少，而低收入者因为获得收入减少了预防性储蓄，整个社会的平均储蓄倾向降低，促进了消费。⑤公共转移支付具有"资产替代效应"，以养老保险为例，其作为一种退休后的收入影响了消费者的预期，居民认为退休后还有养老金收入，所以降低当前的预防性储蓄，增加现期的消费。

认为公共转移支付对居民家庭消费有抑制作用的学者普遍的观点是：①"引致退休效应"是指因为养老保险影响了消费者的预期，所以消费者倾向于提前退休安享生活，但是退休后除了养老金收入，其他收入逐渐减少，消费者为平滑其整个生命周期的消费，会提高当前的预防性储蓄，减少现期消费以保证退休后的生活质量。②公共转移支付对不同收入阶层的消费影响是不同的，对某一阶层消费支出的挤出效应远大于对另一收入阶层消费支出的挤入作用，因此，从整体来看，抑制了消费。③受政策体制的局限性，公共转移支付等收入再分配政策并没有显著地缩小收入差距，促进消费。

认为公共转移支付对居民家庭消费的影响不确定或者不显著的学者普遍的观点是：①由于存在遗赠储蓄动机导致养老保险等社会保险不能挤出储蓄，释放消费，因此影响不显著。②费尔德斯坦指出，"资产替代效应"和"引致退休效应"的相对强弱决定了养老保险挤出还是挤入居民消费。

值得注意的是，"资产替代效应"和"引致退休效应"只针对拥有养老保险的居民，现实情况显示，在社会保障体系不完善的国家，有很多贫困线以下的居民家庭并没有养老保险等公共转移支付。

基于以上理论和观点，笔者开始对公共转移支付的相对贫困家庭消费效应进行实证分析，如果促进了消费那么就意味着公共转移支付对相对贫困家庭具有减贫的正效应，如果抑制了消费那么就意味着公共转移支付对相对贫困家庭具有减贫的负效应。测度公共转移支付对相对贫困家庭消费的影响，实际上就是对比分析接受公共转移支付的相对贫困家庭与未接受公共转移支付的相对贫困家庭的消费数量和结构，为了避免"反事实缺失""自我选择因素"以及"反向因果关系"对估计结果产生的偏误，因此选用了倾向得分匹配（PSM）法。

通过描述性统计和实证分析发现，户主的心理健康状况对城镇相对贫困家庭接受公共转移支付有显著的正向影响，而对农村相对贫困家庭接受公共转移支付影响不显著。家庭成员的健康状况对城镇和农村相对贫困家庭接受公共转移支付都有正向影响。儿童和成人数对城镇和农村相对贫困家庭接受公共转移支付的影响不显著。只有老人数对城镇和农村相对贫困家庭接受公共转移支付有正向影响。对于地区而言，受各地区经济发展和公共转移支付政策差异的影响，东部地区对其农村相对贫困家庭接受公共转移支付具有正向影响，中部地区和西部地区对其城镇相对贫困家庭接受公共转移支付具有正向影响。工资性收入和私人转移支付均对城乡家庭接受公共转移支付有负向影响，也可以理解为，公共转移支付与工资性收入和私人转移支付之间互有挤出作用。

为保证匹配质量，分别使用了最近邻匹配法、卡尺匹配法和核匹配法进行匹配，并对相应的结果做了共同支撑假设检验和平衡性检验。实证结果均通过了检验，通过对比发现，核匹配法的效果最好。

于是进一步基于核匹配的结果，考察公共转移支付对城乡相对贫困家庭的减贫效应。从公共转移支付对城乡相对贫困家庭消费数量影响的角度来看，城镇和农村相对贫困家庭消费支出的平均处理效应分别为 –31.01%、–20.32%，并在 1% 的显著性水平下均通过了检验。由此可知，公共转移支付减少了城乡相对贫困家庭的消费数量，平均分别减少了31.01%和20.32%，因此公共转移支付对城乡相对贫困家庭消费数量产生了负效应。从公共转移支付对城乡相对贫困家庭消费结构影响的角度来看，城乡相对贫困家庭生存型消费支出占比的平均处理效应分别为-1.42%和-0.77%，但是二者没有通过显著性检验。城乡相对贫困家庭发展享受型消费支出占比的平均处理效应分别为1.42%和0.77%，二者也没有通过显著性检验。这表明，公共转移支付对城乡相对贫困家庭消费结构没有显著影响。

笔者基于预防性储蓄理论和流动性约束假说对以上结果进行了阐释，由于城乡相对贫困家庭大多没有固定收入来源，存在很强的流动性约束，因此预防性储蓄动机相比正常家庭而言更加严重。原本寄希望于公共转移支付能帮助相对贫困家庭突破风险厌恶点，释放一部分消费，但公共转移支付并没有实现其政策目标，反而抑制了城乡相对贫困家庭的消费。

分城乡来看，公共转移支付使城镇相对贫困家庭的消费平均减少了31.01%，而使农村相对贫困家庭的消费平均减少了20.32%，城乡相差了10.69个百分点。从这一点来看公共转移支付对城镇相对贫困家庭消费的抑制作用大于农村相对贫困家庭。

基于以上分析，笔者认为现有的公共转移支付政策对相对贫困家庭并不适用，尤其对城镇相对贫困家庭。因此，构建一条提升公共转移支付对城乡相对贫困家庭减贫效应的路径势在必行。

6　提升我国公共转移支付减贫效应的路径分析

在脱贫攻坚阶段，很多学者对公共转移支付的减贫成效给予了肯定，刘柏惠和寇恩惠（2014）发现政府净转移收支对城镇居民收入的不平等有调节作用，并且随着时间的推移这种调节作用越来越大。郭庆旺（2016）进一步测算发现，政府转移性支付可使全部、城镇和农村居民的收入差距分别降低10.53%、21.1%和2.37%。卢洪友等（2019）发现公共转移支付等财政再分配工具对全国贫困的广度、深度、强度均有超过20%的抑制作用。那么公共转移支付在相对贫困治理时期的减贫成效又如何呢？带着这样的疑问，本书在第5章从消费的角度采用倾向得分匹配（PSM）法测算了公共转移支付对城乡相对贫困家庭的减贫效应。结果显示，公共转移支付对城乡相对贫困家庭的消费有明显的抑制作用，使城乡相对贫困家庭的消费分别减少了31.01%和20.32%。可见，现有的公共转移支付政策并不适用于我国新时期的减贫工作。因此，改革现有的公共转移支付政策，构建新时期提升公共转移支付减贫效应的路径迫在眉睫。

6.1　政策设计及研究假设

6.1.1　政策设计

由第5章的研究可知，城乡相对贫困家庭大多没有固定收入来源，存在很强的流动性约束，因此预防性储蓄动机相比正常家庭而言更加强烈。原本寄希望于公共转移支付能帮助相对贫困家庭突破风险厌恶点，释放一部分消费，但实证分析结果得出公共转移支付对城乡相对贫困家庭的消费有明显的抑制作用。

从中得到两点启示：一是相对贫困家庭虽然解决了温饱问题，但流动性约束以及对未来的不确定性让他们很难再进一步升级消费实现自身的发展与提升，归根结底，相对贫困家庭依然有很强的脆弱性；二是现有的单一的公共转移支付政策不但没有让相对贫困家庭突破风险厌恶点释放消费，还因为挤出效应和负向激励效应抑制了消费。基于以上两点启示，本书认为应该针对相对贫困家庭的脆弱性制定与公共转移支付配套的一系列政策工具，打政策的组合拳，通过政策工具之间的取长补短抵消掉政策带来的负面效应，实现政策效应最大化。

英国国际发展部提出的可持续生计理论（1999）将家庭的生计能力量化为自然资本、物质资本、人力资本、社会资本和金融资本五大类，这五类资本直接体现了相对贫困家庭的可行能力。自然资本是指能够帮助人们维持生产和生活的大自然赋予的土地、草场、森林、矿产等天然资源。其中，最具代表性的就是土地资源。物质资本包括家庭拥有的耐用消费品和在生产劳作过程中所需要的各种器具等。人力资本是维持人类生计所应具备的知识、技能以及身体健康等方面的因素。其中知识储备的多少、技能的强弱，教育水平的高低，直接决定了人们在社会中的竞争实力，从而影响其收入和社会地位，是一种软实力的体现。社会资本是一种非正式制度，是人们在行动中获得并使用的嵌入在社会网络中的资源（Lin，2001）[223]。它能够提高效率，降低成本，实现共同的利益。社会资本的表现形式有社交网络、信任、评价、权威、规范、行动的一致性等。金融资本是指以现金、存款、股票、债券和保险等金融资产为表现形式的家庭资产，它在家庭中占据重要的地位，决定了家庭抗击风险的能力。由以上分析可知，代表相对贫困家庭可行能力的五类资本一旦得到提升，相对贫困家庭的可行能力自然就会得到提升，相对贫困家庭的脆弱性也就会随之弱化。接下来本书结合代表相对贫困家庭可持续生计能力资本的金融资本、人力资本和社会资本对公共转移支付减少城乡家庭相对贫困的影响做出假设。

6.1.2　研究假设

1. H₁：金融资本对公共转移支付减少城乡家庭相对贫困具有调节作用

以金融资本中的保险为例，左停和徐卫周（2019）认为，在相对贫困的治理实践中，政府应将社会救助与其他种类的救助性政策工具相结合从而改变社会救助碎片化、效率低的运行状态，各类保险制度是对社会救助制度体系的有益补充，对提高相对贫困家庭生活质量具有重要作用[224]。

各类保险的作用主要表现为：第一，各类保险能够实现风险共担，帮助相对贫困家庭尽快摆脱灾害和疾病的困扰，也能防止脱贫家庭因为灾害和疾病再次致贫返贫。第二，"政府+保险机构"的合作型模式，因为有政府介入，相当于给相对贫困家庭吃上了一颗定心丸，降低了相对贫困家庭对保险收益的悲观预期，提高了相对贫困家庭参与的积极性。部分由政府帮助群众购买的保险，如城乡居民医疗保险和养老保险，相当于对收入的再分配，能够起到缩小收入差距的作用。第三，政府利用扶贫资金对相对贫困家庭的商业保险费用给予补贴，减少了相对贫困家庭在商业保险费用的消费支出。第四，一些与金融扶贫体系相结合的保险能够帮助贫困群体创新创业，激发他们的内生动力从而自我摆脱贫困。第五，张梦林和李国平（2020）以扶贫形式的小额人寿保险为例说明了商业保险具有增加被保险人信用度进而具有增加相对贫困家庭社会资本存量的功能[225]。

由上可知，各类保险为城乡相对贫困家庭未来提供了保障，极大地降低了城乡相对贫困家庭对未来的不确定性，从预防性储蓄理论和流动性约束理论来讲，拥有了各类保险的相对贫困家庭相比于没有保险的相对贫困家庭自然会将政府给予的转移支付用来消费以满足各方面的需求。

2. H_2：人力资本对公共转移支付减少城乡家庭相对贫困具有调节作用

以人力资本中的教育资本为例，本书中的教育资本也包括日常的职业技能培训，培训不但可以增加相对贫困家庭的人力资本存量，还有助于提升家庭成员的就业能力，增加相对贫困家庭的收入，那么相应的物质资本和金融资本就增多了。家庭成员的就业层次高了，社交网络自然也会得到拓展和提升，那么家庭的社会资本也会随之增多。总之人力资本对相对贫困家庭的影响是多方面的，同样具有降低相对贫困家庭脆弱性，阻断贫困路径的功能。

那么教育人力资本是怎样起到调节公共转移支付减贫的作用呢？人们在接受各种教育包括职业技能培训等后需要有一个内化的过程，少则几个月，多则十几年，在这漫长的过程中需要不断地思考和实践才能将知识、技能转化为傍身的一技之长。在这个过程中人内在的潜力和向上的动力不断被激发，自信心也在不断提升，因此即使有政府提供公共转移支付，家庭收入也不再会因为有"懒汉"被挤出。另外，从预防性储蓄理论来讲，家庭成员通过职业技能培训后自信心得到提升，对未来也就充满了期待，少了不确定，因此会增加现期消费以满足各方面需求。

3. H_3：社会资本对公共转移支付减少城乡家庭相对贫困具有调节作用

由上文社会资本的概念可知，社会资本内嵌于社会结构中，包括社交网络、信任、评价、权威、规范、行动的一致性等。

陶芝兰和王欢（2006）认为，制度信任是信任主体对制度能否正常有序和安全高效运转的看法，以及对制度是否值得信赖的判断[226]。在相对贫困治理阶段，相对贫困家庭对公共转移支付等扶贫政策的信任体现在相对贫困家庭对当地政府的信任程度和评价。这种信任和评价会影响扶贫政策能否顺利实施、外部资源能否长期供给和支持、特定扶贫模式能否有效开展以及扶贫政策能否形成正向效应等。

基于以上假设，本书采用调节效应分析方法构建提升公共转移支付减贫效应的路径。

6.2 消费视角下提升公共转移支付减贫效应的实证分析

6.2.1 模型与测度方法简介

1.调节效应

调节效应不是一种分析方法，而是对某种关系的一个描述。调节效应是指在研究自变量X对因变量Y的影响强度大小时是否受某一变量M的影响，如果产生了影响就称M为调节变量。

如图6-1所示，当加入调节变量M后，X对Y的影响程度大小会发生变化，调节效应模型通常表示为$Y=f(X, M)+e$，调节变量M通常会与自变量X相乘作为一个新的变量加入模型中，这一新形成的变量被称为交互项，因此调节效应也可称作交互效应。调节效应是交互效应的一种，是一种有因果指向的交互效应。如果调节变量和自变量的交互项是显著的，那么变量M具有调节效应。

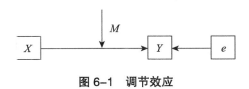

图6-1 调节效应

基于这一原理，许多学者将调节效应应用于"社会情境原理"的检验过程中，也就是说，在不同的社会情境下，检验自变量X对因变量Y的影响程度是否存在显著的差异。杜亚斌（2021）对污染源监管信息公开与公众对环境质量感知之间的关系进行了研究，并将公众的认知能力和互联网的使用作为调节变量，检测其调节效应。研究结果表明，污染源监管信息的公开对大众对环境质量的感知具有明显的反向影响，会极大地降低大众对环境质量的感知，而加入调节变量（公众的认知能力、互联网的使用）会使二者之间的反向关系变弱。王亚飞等（2021）研究了自由贸易试验区对资本配置效率的影响，并将产业集聚的类型作为调节变量纳入其研究中。研究结果表明，自由贸易试验区的设立会使资本错配的情况加剧，并且不同类型的产业集聚对这种加剧情况所产生的影响也是不同的。袁宝龙等（2021）研究了创新对我国经济高质量发展的影响，并将经济政策的不确定性纳入研究范围，考察其调节效应。研究结果表明，创新对区域经济的高质量发展具有显著的正向影响，经济政策的不确定性对区域经济的高质量发展有显著的负向影响，但经济政策的不确定性会使创新对区域经济高质量发展的促进作用更加显著。叶江峰等（2021）从知识搜寻的角度对企业的双元创新进行研究，将知识搜寻分为互动式与非互动式两种类型，研究二者对企业创新的影响，并将知识距离作为调节变量纳入其研究中。研究结果表明，互动式知识搜寻对于突破式创新具有显著的正向作用，而非互动式知识搜寻对于渐进式创新具有显著的正向作用，并且知识距离能够使这两种知识搜寻方式对企业突破式创新的促进作用更加显著，但是却能够使这两种知识搜寻的方式对企业渐进式创新产生抑制作用。

依据调节效应原理，本书认为可将影响公共转移支付（X）对城乡相对贫困家庭消费（Y）作用强度的因素作为调节变量（M）加入公共转移支付和相对贫困家庭的消费中，形成政策组合效应，改变公共转移支付对相对贫困家庭消费的抑制作用（见图6-2）。

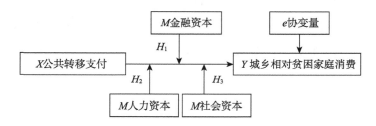

图 6-2　基于调节效应的研究假设框架

2. 中介效应

当研究自变量X对因变量Y的影响时，自变量X并不是直接对因变量Y产生影响，而是X通过影响变量M，让变量M再来影响Y，进而对因变量Y产生影响，我们就把变量M称为中介变量（见图6-3）。

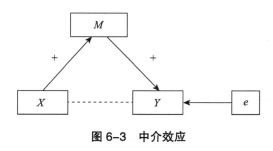

图 6-3　中介效应

根据消费理论和公共转移支付的性质，可以认为公共转移支付是一种收入，因此它可直接作用于消费，也就是说，公共转移支付对消费直接产生影响，不需要有

中介变量。但是可以加入一些调节变量改变公共转移支付作用于消费的强度，故本书选取调节效应来研究如何提升公共转移支付的减贫效应。

6.2.2 数据与指标描述

为前后保持一致，本章所选用的数据依然是前面章节筛选出的2018年城乡相对贫困家庭数据。

1.被解释变量

通过第5章的分析可知，公共转移支付对城乡相对贫困家庭具有消费的负效应，而对城乡相对贫困家庭的消费结构影响不显著。因此本章选取消费数量作为被解释变量。为方便分析将城乡相对贫困家庭消费数量取自然对数（ln consume）。

2.解释变量

是否接受政府补助（T_i）：T_1代表接受了政府补助，为处理组；T_2代表未接受政府补助，为控制组。本章依然只选择公共转移支付中的政府补助作为研究对象。

3.调节变量

依据上文提到的相对贫困群体的脆弱性和致贫路径，本书结合提升相对贫困家庭可持续生计能力的五类资本，选取了以下调节变量。

（1）是否有商业保险（$insur_{1i}$）和是否有养老保险（$insur_{2i}$）

是否有商业保险（$insur_{1i}$）：$insur_{11}$代表家庭有商业保险，$insur_{12}$代表家庭没有商业保险。商业保险本身作为金融资产可以增加相对贫困家庭金融资产的存量。另外，商业保险能够降低相对贫困家庭未来受重大自然灾害、突发事件以及重大疾病等风险时造成的冲击，增强相对贫困家庭抵御风险的能力。

是否有养老保险（$insur_{2i}$）：$insur_{21}$代表家庭有养老保险，$insur_{22}$代表家庭没有养老保险。养老保险本身作为金融资产也可以增加相对贫困家庭金融资产的存量，另外，由第5章相关理论可知，由于存在"资产替代效应"，养老保险具有平滑家庭消费的作用。

商业保险和养老保险皆可以以其自身的功能和引致功能降低相对贫困家庭的脆弱性，阻断相对贫困家庭持续贫困的路径。

（2）是否参加过培训（$train_i$）

是否参加过培训（$train_i$）：$train_1$代表参加过培训，$train_2$代表未参加过培训。

（3）对本县级行政区政府是否信任（$trust_i$）

对本县级行政区政府是否信任（$trust_i$）：$trust_1$代表对本县级行政区政府信任，$trust_2$代表对本县级行政区政府不信任。此变量是依据CFPS问卷中"对本县级行政区政府评价"一题整理而得。

4. 协变量

本章在协变量的选取上与上一章保持一致，对于各个协变量的解释可参见第5章。

（1）人口特征变量

户主的心理健康状况（mental）和家庭成员的平均健康状况（healthy），以及家庭的年龄构成［同居共财的儿童数（child）、成人数（adult）和老人数（elder）］。

（2）地域特征变量

按照国家统计局划分标准，将样本中相对贫困家庭所在的地区（pro_i）划分为东部地区（pro_1）、中部地区（pro_2）、西部地区（pro_3）和东北部地区（pro_4）。

（3）经济变量

工资性收入（wage）和私人转移支付（ptransfer）。

除调节变量，其余变量皆在第5章中做了描述统计分析，本章将不再赘述。由表6-1可知，城乡相对贫困家庭拥有商业保险的均值分别为0.271 9和0.150 2，可见拥有商业保险的城镇相对贫困家庭明显多于农村相对贫困家庭，这可能和商业保险在城乡的普及程度以及城乡家庭对商业保险的认知有关。牛文涛和姜润鸽（2020）研究发现，相较于城镇，由于农村家庭可能存在的"小农意识"和短视行为，再加上对保险产品收益的悲观预期，导致农村家庭主动参与购买保险的意愿不足[227]。对于农村相对贫困家庭来说，商业保险是要等价交换的，本来就有生活负担，所以购买意愿就更加不足。在养老保险方面，城乡相对贫困家庭拥有养老保险的均值分别为0.421 5和0.382 5，拥有养老保险的城镇相对贫困家庭明显多于农村相对贫困家庭，这和我国长期以来养老保障体系的城乡"二元"属性有关。城乡"二元"属性是我国养老保障体系的主要特征，引致了农村家庭和城镇家庭在养老保障层面的基本差异。在城乡相对贫困家庭培训方面，城乡相对贫困家庭参加培训的均值分别为0.458 9和0.400 2，参加培训的城镇相对贫困家庭多于农村相对贫困家庭，二者大约相差0.06，这可能和脱贫攻坚阶段党和国家大力提倡城乡居民加大职业培训、技能培训力度有关。城乡相对贫困家庭对本县级行政区政府是否信任的均值分别为0.310 8和0.417 0，可见，城镇相对贫困家庭对本县级行政区政府信任度要低于农村相对贫困家庭。

表6-1 2018年城乡相对贫困家庭的描述统计（2）

变量名称	变量标签	统计量	城镇	农村
商业保险	$insur_1$	最大值	1	1
		最小值	0	0
		均值	0.271 9	0.150 2
		标准差	0.444 9	0.357 3
养老保险	$insur_2$	最大值	1	1
		最小值	0	0
		均值	0.421 5	0.382 5
		标准差	0.493 8	0.486 0
培训	train	最大值	1	1
		最小值	0	0
		均值	0.458 9	0.400 2
		标准差	0.498 4	0.489 9
对本县级行政区政府是否信任	trust	最大值	1	1
		最小值	0	0
		均值	0.310 8	0.417 0
		标准差	0.462 8	0.493 1
样本容量			1 189	1 190

数据来源：Stata15.0统计结果。

6.2.3 实证结果分析

为获得公共转移支付减少相对贫困的效应和其他因素的无偏估计，本书参考周东洋和吴愈晓（2019）的研究，使用倾向得分匹配（PSM）法进行估计。有关倾向得分匹配（PSM）法的原理和步骤在上一章已经做了详细的介绍，在本章将直接进入分析过程[228]。

1.各类资本对公共转移支付减少相对贫困的调节效应

由表6-2和表6-3可知，模型1和模型7是在控制变量下，加入商业保险（$insur_{1i}$）、养老保险（$insur_{2i}$）、培训（train）和对本县级行政区政府是否信任（trust）后的估计结果，也就是城镇和农村的初始模型。

由表6-2可知，模型2在模型1的基础上增加了商业保险（$insur_{1i}$）与公共转移支付（T_1）的交互项，目的是检验商业保险是否对公共转移支付和城镇相对贫困家庭消费的关系起到调节作用。在控制了协变量之后，商业保险（$insur_{1i}$）与公共转移支付（T_1）的交互项回归系数是0.0562，而且通过了显著性检验，这表明，商业保险对公共转移支付和城镇相对贫困家庭消费的关系起到了调节作用。通过观察平均处理效应ATT发现，ATT在未加入交互项时为−24.19%，加入商业保险（$insur_{1i}$）与公共转移支付（T_1）的交互项后变为−20.06%，并且通过了显著性检验。因此，可以看出在加入商业保险后，公共转移支付对城镇相对贫困家庭消费的抑制效应减少了4.13%。同样道理，由表6−3中的模型7和模型8可以看出，在控制了协变量之后，商业保险对公共转移支付和农村相对贫困家庭消费的关系也起到了调节的作用，其中，交互项的系数为0.0605，通过了显著性检验。ATT在未加入交互项时为−19.14%，加入商业保险（$insur_{1i}$）与公共转移支付（T_1）的交互项后变为−18.19%。因此，在加入商业保险后，公共转移支付对农村相对贫困家庭消费的抑制效应减少了0.95%。

表6−2 城镇调节效应估计结果（1）

模型变量	1	2	3	4	5	6
控制变量	已控制	已控制	已控制	已控制	已控制	已控制
$insur_{1i}*T_i$		0.0562*** (3.85)				0.0125* (0.25)
$insur_{2i}*T_1$			0.0469*** (3.91)			0.0341* (0.84)
$train*T_1$				0.0180* (1.45)		0.0115 (0.91)
$trust*T_1$					0.0362* (1.85)	0.0307* (1.55)
ATT	−0.2419*** (−3.73)	−0.2006*** (−3.07)	−0.1913*** (−2.94)	−0.2347*** (−3.63)	−0.2225*** (−3.43)	−0.1837*** (−2.81)
bootstrap Std.err.	0.0856***	0.0867**	0.0846***	0.0842***	0.0846***	0.0871***
对数似然值	−701.7276	−694.3206	−694.0872	−700.6766	−699.9833	−692.3947
Pseudo R^2	0.1113	0.1207	0.1210	0.1126	0.1135	0.1231

数据来源：Stata15.0统计结果。

注：*、**、***分别表示在10%、5%、1%的显著性水平下显著。

表6-3　农村调节效应估计结果（1）

模型变量	7	8	9	10	11	12
控制变量	已控制	已控制	已控制	已控制	已控制	已控制
$insur_{1i}*T_i$		0.0605* (1.33)				0.0638* (1.33)
$insur_{2i}*T_1$			0.1530** (2.30)			0.1389** (2.07)
$train*T_1$				0.0451* (1.58)		0.0421** (1.41)
$trust*T_1$					0.0461*** (2.52)	0.0372** (1.99)
ATT	−0.1914*** (−2.60)	−0.1819*** (−2.45)	−0.1703*** (−2.31)	−0.1806*** (−2.44)	−0.1771*** (−2.44)	−0.1619*** (−2.17)
bootstrap Std.err.	0.0966*	0.0949*	0.0959*	0.0940*	0.0938**	0.0940*
对数似然值	−599.3928	−598.5031	−596.8021	−598.1696	−596.2399	−595.6780
Pseudo R^2	0.1090	0.1103	0.1129	0.1108	0.1137	0.1145

数据来源：Stata15.0统计结果。

注：*、**、***分别表示在10%、5%、1%的显著性水平下显著。

以此类推，由表6-2可知，模型3在模型1的基础上增加了养老保险（$insur_{2i}$）与公共转移支付（T_1）的交互项，目的是检验养老保险是否对公共转移支付和城镇相对贫困家庭消费的关系起到调节作用。在控制了协变量之后，养老保险（$insur_{2i}$）与公共转移支付（T_1）的交互项回归系数是0.0469，而且通过了显著性检验，这表明，养老保险对公共转移支付和城镇相对贫困家庭消费的关系起到了调节作用。通过观察平均处理效应ATT发现，ATT在未加入交互项时为−24.19%，加入养老保险（$insur_{2i}$）与公共转移支付（T_1）的交互项后变为−19.13%，并且通过了显著性检验。因此，可以看出在加入养老保险后，公共转移支付对城镇相对贫困家庭消费的抑制效应减少了5.06%。由表6-3中的模型7和模型9可以看出，在控制了协变量之后，养老保险对公共转移支付和农村相对贫困家庭消费的关系也起到了调节的作用，其中，交互项的系数为0.1530，通过了显著性检验。ATT在未加入交互项时为−19.14%，加入养老保险（$insur_{2i}$）与公共转移支付（T_1）的交互项后变为−17.03%。因此，在加入养老保险后，公共转移支付对农村相对贫困家庭消费的抑制效应减少了2.11%。

再以此类推，由表6-2可知，模型4在模型1的基础上增加了培训（train）与公共转移支付（T_1）的交互项，目的是检验培训是否对公共转移支付和城镇相对贫困家庭消费的关系起到调节作用。在控制了协变量之后，培训（train）与公共转移支付（T_1）的交互项回归系数是0.0180，而且通过了显著性检验，这表明，培训对公共转移支付和城镇相对贫困家庭消费的关系起到了调节作用。通过观察平均处理效应ATT发现，ATT在未加入交互项时为−24.19%，加入培训（train）与公共转移支付（T_1）的交互项后变为−23.47%，并且通过了显著性检验。因此，可以看出在加入培训后，公共转移支付对城镇相对贫困家庭消费的抑制效应减少了0.72%。由表6–3中的模型7和模型10可以看出，在控制了协变量之后，培训对公共转移支付和农村相对贫困家庭消费的关系也起到了调节的作用，其中，交互项的系数为0.0451，通过了显著性检验。ATT在未加入交互项时为−19.14%，加入培训（train）与公共转移支付（T_1）的交互项后变为−18.06%。因此，在加入培训后，公共转移支付对农村相对贫困家庭消费的抑制效应减少了1.08%。

再以此类推，由表6–2可知，模型5在模型1的基础上增加了对本县级行政区政府是否信任（trust）与公共转移支付（T_1）的交互项，目的是检验制度信任是否对公共转移支付和城镇相对贫困家庭消费的关系起到调节作用。在控制了协变量之后，对本县级行政区政府是否信任（trust）与公共转移支付（T_1）的交互项回归系数是0.0362，而且通过了显著性检验，这表明，制度信任对公共转移支付和城镇相对贫困家庭消费的关系起到了调节作用。通过观察平均处理效应ATT发现，ATT在未加入交互项时为−24.19%，加入对本县级行政区政府是否信任（trust）与公共转移支付（T_1）的交互项后变为−22.25%，并且通过了显著性检验。因此，可以看出在加入制度信任后，公共转移支付对城镇相对贫困家庭消费的抑制效应减少了1.94%。由表6–3中的模型7和模型11可以看出，在控制了协变量之后，制度信任对公共转移支付和农村相对贫困家庭消费的关系也起到了调节的作用，其中，交互项的系数为0.0461，通过了显著性检验。ATT在未加入交互项时为−19.14%，加入对本县级行政区政府是否信任（trust）与公共转移支付（T_1）的交互项后变为−17.71%。因此，在加入对本县级行政区政府是否信任（trust）后，公共转移支付对农村相对贫困家庭消费的抑制效应减少了1.43%。

依然按照以上的方式，模型6是在初始模型1的基础上同时加入商业保险（$insur_{1i}$）、养老保险（$insur_{2i}$）、培训（train）、对本县级行政区政府是否信任（trust）和公共转移支付（T_1）的交互项，在控制了协变量之后，通过观察平均处理效应ATT发现，ATT在未加入交互项时为−24.19%，加入所有交互项后变为−18.37%，并且通过了显著性检验。因此，可以看出在同时加入商业保险（$insur_{1i}$）、养老保险

（insur$_{2i}$）、培训（train）、对本县级行政区政府是否信任（trust）和公共转移支付（T$_1$）的交互项后，公共转移支付对城镇相对贫困家庭消费的抑制效应减少了5.82%。同样道理，模型12是在初始模型7的基础上同时加入商业保险（insur$_{1i}$）、养老保险（insur$_{2i}$）、培训（train）、对本县级行政区政府是否信任（trust）和公共转移支付（T$_1$）的交互项，在控制了协变量之后，通过观察平均处理效应ATT发现，ATT在未加入交互项时为−19.14%，加入所有交互项后变为−16.19%，并且通过了显著性检验。因此，可以看出在同时加入商业保险（insur$_{1i}$）、养老保险（insur$_{2i}$）、培训（train）、对本县级行政区政府是否信任（trust）和公共转移支付（T$_1$）的交互项后，公共转移支付对农村相对贫困家庭消费的抑制效应减少了2.95%。

本书力求找到提升公共转移支付减少城乡家庭相对贫困的最优政策组合，对商业保险（insur$_{1i}$）、养老保险（insur$_{2i}$）、培训（train）、对本县级行政区政府是否信任（trust）和公共转移支付（T$_1$）的交互项进行了排列组合，并按上述PSM方法分别估计了平均处理效应，详见附录。

由以上分析结果可知，前文提出的H$_1$：金融资本对公共转移支付减少城乡家庭相对贫困具有调节作用；H$_2$：人力资本对公共转移支付减少城乡家庭相对贫困具有调节作用；H$_3$：社会资本对公共转移支付减少城乡家庭相对贫困具有调节作用。三项研究假设皆成立。但是三类资本中所选取的变量对公共转移支付减少城乡家庭相对贫困的调节作用程度是不同的，城镇由高到低的顺序依次是：养老保险、商业保险、对本县级行政区政府的信任和培训；农村由高到低的顺序依次是：养老保险、对本县级行政区政府的信任、培训和商业保险。将以上政策工具共同作用于城乡相对贫困家庭时，对公共转移支付减少城镇家庭相对贫困的促进作用为5.82%，对公共转移支付减少农村家庭相对贫困的促进作用为2.95%。将以上政策工具与公共转移支付的交互项排列组合后得到调解效应城镇均小于5.82%，农村均小于2.95%。可见，公共转移支付加上所有政策工具的组合更有利于城镇家庭相对贫困的减少（图6-4和图6-5展示了各项政策工具和公共转移支付交互后的调解效应）。

可以看出，养老保险作为公共转移支付中的一部分对政府补贴形式的公共转移支付的减贫效应起到的促进作用最大。由第5章的相关理论可知，养老保险的"资产替代效应"影响了相对贫困家庭的预期，他们认为退休后还有养老金收入，所以降低当前的预防性储蓄，增加了现期的消费。从图6-4和图6-5可以看出，养老保险对城镇相对贫困家庭的影响大于农村相对贫困家庭，这可能与我国目前城乡养老保险等社会保障制度二元结构和农村养老保障体系相对弱化有关，随着我国人口老龄化加速，应该进一步完善城乡养老保障体系，让养老保险等社会保险和政府补贴类公共转移支付相互影响，实现公共转移支付的全方位减贫效应。由图6-4和图6-5还可以看出，培训对公共转移支付减少城乡家庭相对贫困的促进作用最小，这可能是对上文中笔者提到观点的验证，培训的减贫效应（包括它自身的和对公共转移支付的影响）是存在滞后期的，它需要一个漫长的内化过程，在当下更多的是提升人的自信心和动力感。但是培训对公共转移支付减少城乡家庭相对贫困的促进作用却是最不能忽视的，人一旦完成对它的内化，当转化为外在表现时，就会获得丰厚的物质和精神资本。另外，值得我们注意的是，制度信任（对本县级行政区政府的信任）对公共转移支付减少城乡家庭相对贫困起到了一定的促进作用，尤其对农村相对贫困家庭更为重要，因为农村相比于城镇获取各方面信息的渠道较少，缺少形式多样的社会公益组织，组织机构比较单一，遇到困难可依赖的组织只有政府，一旦村民认可政府的办事能力，认为政府做出了成绩，那么就会对未来美好生活充满期待，预防性储蓄自然会减少，现期消费也就会随之增加。

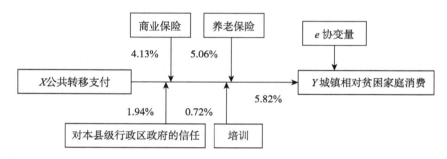

图6-4　三类资本对公共转移支付减少城镇家庭相对贫困的调节效应

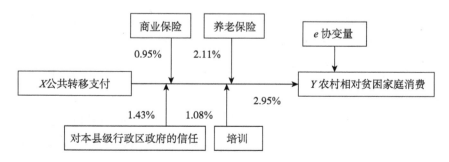

图6-5　三类资本对公共转移支付减少农村家庭相对贫困的调节效应

6.3 本章小结

提升公共转移支付的减贫效应需要找到一个合理的切入点。本书依据英国国际发展部提出的人类可持续生计资本对公共转移支付减少城乡家庭相对贫困的影响做出政策设计和研究假设。首先对政策作用机制进行了探讨，通过分析发现，代表相对贫困家庭可行能力的各类资本一旦得到提升，相对贫困家庭的可行能力自然就会得到提升，相对贫困家庭的脆弱性也就会随之弱化。相对贫困家庭的脆弱性降低自然会减少预防性储蓄增加消费，同时收入也会增加。因此基于这几类资本制定与公共转移支付政策配套的一系列政策工具是促进公共转移支付减贫的有效方法。然后本书结合代表相对贫困家庭可持续生计能力资本中的金融资本、人力资本和社会资本对公共转移支付减少城乡家庭相对贫困的影响做出了假设。H_1：金融资本对公共转移支付减少城乡家庭相对贫困具有调节作用；H_2：人力资本对公共转移支付减少城乡家庭相对贫困具有调节作用；H_3：社会资本对公共转移支付减少城乡家庭相对贫困具有调节作用。从三类资本中分别选取商业保险、养老保险、培训以及对本县级行政区政府是否信任作为代理变量采用调节效应分析方法来验证以上假设是否成立。通过倾向得分匹配（PSM）法得出以上资本对公共转移支付减少城乡家庭相对贫困均有促进作用，城镇由高到低分别为：养老保险（5.06%）、商业保险（4.13%）、对本县级行政区政府的信任（1.94%）和培训（0.72%）；农村由高到低分别为：养老保险（2.11%）、对本县级行政区政府的信任（1.43%）、培训（1.08%）和商业保险（0.95%）。将以上政策工具共同作用于城乡相对贫困家庭时，对公共转移支付减少城镇家庭相对贫困的促进作用为5.82%，对公共转移支付减少农村家庭相对贫困的促进作用为2.95%。将以上政策工具排列组合后得到调解效应城镇均小于5.82%，农村均小于2.95%。可见，公共转移支付加上所有政策工具的组合更有利于减少城镇家庭相对贫困。

当前我国扶贫开发工作已进入新的阶段，需要结合相对贫困群体的特点从整体上对新时期反贫困举措进行通盘的考虑，并对原有的政策、措施进行整合与创新，以实现相对贫困人口可持续发展，同时巩固脱贫成果，防止返贫。因此，综合性的扶贫措施既是满足相对贫困群体切实需要的制度创新安排，也是我国贫困治理不断深化的结果。基于此，本书将在下一章提出具体的提升公共转移支付减少相对贫困的建议和措施。

7 研究结论与政策建议

7.1 研究结论

本书基于Deaton的消费贫困理论重点研究了以下问题：一是从消费的角度制定相对贫困标准；二是基于家庭人口构成和规模经济计算等价尺度，筛选出相对贫困人口；三是研究公共转移支付对城乡相对贫困家庭的减贫效应；四是探索新时期提升公共转移支付减贫效应的路径。通过对以上问题的研究得到以下结论。

1.消费视角下我国相对贫困线的统计测度

基于中国家庭追踪调查数据库中八大类消费和收入数据，运用扩展线性支出系统估计了绝对贫困（满足衣食住）、"两不愁三保障"贫困（不愁吃、不愁穿，义务教育、基本医疗和住房安全有保障）、相对贫困（八大类基本消费需求）三种口径下的2016年和2018年城乡贫困线。以2010年为不变价，根据国家统计局公布的2011—2018年的我国城乡价格指数，对所测算的贫困线进行调整，得到调整后的各口径我国城乡贫困线测算结果。对三种口径相对贫困线的合理性分别从统计学、经济学以及社会学角度逐一进行分析。通过与已有研究对比发现，本书所测算出的相对贫困线属于高标准下的相对贫困线。

2.消费视角下我国相对贫困线的统计测度——基于家庭等价尺度

参考万相昱（2015）根据扩展线性支出系统对消费进行分类的等价尺度测算模型，得到2016年和2018年城乡等价尺度。而后重新评估了我国2016年和2018年城乡的相对贫困程度。FGT指数测算出来的有关相对贫困的广度、深度和强度显示，经过家庭成员等价尺度调整计算的家庭人均纯收入所度量的城乡相对贫困要远远小于按家庭人均纯收入所度量的城乡相对贫困。可见，我国居民家庭消费具有较大的规模经济效应。另外，无论是2016年还是2018年，城镇的相对贫困发生率均大于农村的相对贫困发生率，可见城镇的相对贫困不容小觑，未来应把城镇的相对贫困群体纳入贫困治理范围内。

进一步研究发现，第一，相对贫困群体特征方面，女性的相对贫困发生率均略高于男性，女童的相对贫困发生率均略高于男童。儿童和老人的相对贫困发生率均高于成人，呈现出"U"形。受教育程度越高的群体相对贫困发生率越低，二者基本成反比关系。在相对贫困群体中，身体在亚健康以下的居民占比非常高，平均达到50%以上。患有心理疾病居民的占比皆大于30%。第二，相对贫困群体的地域特征方面，除2016年和2018年东北部外，我国相对贫困的发生率由东部向中部、西部逐级递增。第三，相对贫困群体的收入特征方面，城镇相对贫困群体的主要收入来源是工资性收入，而农村相对贫困群体的主要收入来源是工资性收入和经营性收入。此外，转移性收入在城镇和农村相对贫困群体收入中的占比也较高。总体来看，财产性收入为零的占比最大，排在第二位的是其他收入为零的占比，排在第三位的是工资性收入和经营性收入为零的占比，众所周知，财产性收入和工资性收入差距是造成我国收入差距的主要原因。第四，相对贫困群体的消费特征方面，一是相对贫困群体的收入不足以使其生存型消费支出和发展与享受型消费支出同时得到提升，因此只能降低其发展与享受的消费支出去满足生存型消费的需求；二是相对贫困群体的收入使其生存型消费支出和发展与享受型消费支出同时得到提升，但是发展与享受型消费支出提升的比例远不如生存型消费支出提升的比例。以上两种情况都会导致相对贫困群体的可持续发展能力远远落后于非相对贫困群体。而且就目前的数值来看，城镇相对贫困的严重程度要大于农村，未来我们应该更加关注城镇的相对贫困情况。

3.我国公共转移支付减贫效应的统计测度

基于2018年相对贫困家庭从消费的角度采用倾向得分匹配（PSM）法对公共转移支付的相对贫困减贫效应进行了测度。研究发现，公共转移支付减少了城乡相对贫困家庭的消费数量，平均分别减少了31.01%和20.32%。城乡相对贫困家庭生存型消费支出占比和发展与享受型消费占比均没有通过显著性检验，表明公共转移支付对城乡相对贫困家庭消费结构没有显著影响。

由于城乡相对贫困家庭大多没有固定收入来源，存在很强的流动性约束，因此预防性储蓄动机相比正常家庭而言更加强烈。原本寄希望于公共转移支付能帮助相对贫困家庭突破风险厌恶点，释放一部分消费，但实证分析结果得出，私人转移支付和工资性收入与公共转移支付是负相关，导致公共转移支付不但减少了相对贫困家庭的收入，还降低了相对贫困家庭的消费意愿。因此，现有的公共转移支付政策对相对贫困家庭并不适用，尤其是对城镇相对贫困家庭。

4.提升我国公共转移支付减贫效应的路径分析

依然从消费的角度，以2018年城乡相对贫困家庭为样本，依据英国国际发展部提出的人类可持续生计资本中的金融资本、人力资本和社会资本对公共转移支付减少城乡家庭相对贫困的影响做出政策设计和研究假设。分别从这三类资本中选取代理变量，采用调节效应分析方法将代理变量加入公共转移支付减少城乡家庭相对贫困的路径中，再运用倾向得分匹配（PSM）法估计每一个代理变量和公共转移支付的交互项对公共转移支付减少城乡家庭相对贫困的调节效应以及代理变量和公共转移支付的交互项排列组合以后的调节效应，以此来探索提升公共转移支付减贫效应的路径。研究发现，以上资本对公共转移支付减少城乡家庭相对贫困均有促进作用，城镇由高到低分别为：养老保险（5.06%）、商业保险（4.13%）、对本县级行政区政府的信任（1.94%）和培训（0.72%）；农村由高到低分别为：养老保险（2.11%）、对本县级行政区政府的信任（1.43%）、培训（1.08%）和商业保险（0.95%）。将以上政策工具与公共转移支付的交互项共同作用于城乡相对贫困家庭时，对公共转移支付减少城镇家庭相对贫困的促进作用为5.82%，对公共转移支付减少农村家庭相对贫困的促进作用为2.95%。将以上政策工具与公共转移支付的交互项排列组合后得到的调解效应城镇均小于5.82%，农村均小于2.95%。由此可见，公共转移支付加上所有政策工具的组合更有利于城镇相对贫困家庭的减少。

7.2 政策建议

基于以上研究得出的结论，本书提出以下提升公共转移支付减少城乡相对贫困的政策建议。

1.建立以消费贫困为导向的公共转移支付政策，提高居民的消费水平

随着人们生活水平的日益提高，我国大部分人口的收入已经超过收入贫困线，摆脱了收入贫困。但是由于对未来预期的不确定以及沉重的生活负担，使得一部分摆脱收入贫困的群体并没有按照正常的比例进行消费，而是进行了过度的预防性储蓄。政府应建立以消费贫困为导向的公共转移支付政策，在收入贫困线的基础上采用科学的方法确定消费贫困线，使公共转移支付政策覆盖到消费贫困群体。党的十九大报告指出，当前阶段，我国社会的主要矛盾已经转变成人民日益增长的美好生活需要与不平衡、不充分的发展之间的矛盾。人民日益增长的美好生活需要不仅包括为满足人类基本生存需要的物质性需求，还包括社会安全、社会保障和社会公正等社会性需求，以及被尊重、自我价值实现等心理性需求。2020年，全国贫困县已实现全部"摘帽"，我国社会的贫困状况已经由绝对贫困转变为相对贫困，而相对贫困的标准线制定应该根据我国社会的主要矛盾来决策。所以，相关部门在制定相对贫困线标准时应结合人民更高层次的发展需求。另外，要提升消费贫困群体的可持续发展能力，比如，变现金福利为技术、培训等知识福利，让他们走上经济独立的道路，减少生活负担，增加他们的安全感，减少过度的预防性储蓄，提高他们的消费水平。

2.健全贫困评估体系和监督机制，实现公共转移支付的均等化分配

公共转移支付的均等化分配就是政府根据城乡差距、收入差距制定因"人"而异的公共转移支付策略以实现城乡和不同收入家庭的均衡、充分发展。所以，相对贫困治理时期我国在制定相对贫困线时应将城市与农村的差距问题考虑在内。同时，还要考虑部分特殊群体，如老弱病残、妇女儿童等弱势群体。实现公共转移支付均等化分配，依赖于科学、合理的受益人及其家庭评估体系，因此，政府要将诸如家庭规模经济等影响居民福利度量的因素剔除掉，准确地筛选出贫困家庭。要尽早统一城市和农村的相关扶贫政策，做到城市与农村实行同一套扶贫方案，让城乡人民享受同等的公共服务基本供给。对于收入能力、收入水平有差异的地区和人群要勇于采取创新型的公共转移支付政策，对于有收入能力但收入水平低的人群可以通过"授之以渔"的方式来提高其收入水平；对于整体收入还欠佳的区域来说，可以采取互联网+形式发展当地特色产业，并出台相关的惠民政策，支持其发展，从而带动更多的人就业。另外，随着大数据时代的到来，政府部门可以借助各方力量，将受益人及其家庭信息整合，制定全方位、多角度的评价指标体系。与此同时，政府必须加快公共转移支付法律、法规以及政策等相应制度的配套供给，在公平与效率之间建立起联结的纽带，使得贫困家庭参与到经济发展中来，共享经济发展的成果，早日脱离贫困。

3.重视心理贫困，阻断贫困的代际传递

2020年后，我国进入反贫困工作的新阶段，贫困的范畴不再局限于物质层面，而是将拓展至文化甚至是心理层面。心理层面的贫困包括"贫困文化"和"文化贫困"，"贫困文化"是根植于贫困者内心的贫困认同感，这种认同感使贫困者依赖公共转移支付等救助手段，使贫困代代相传，是致贫返贫的内在根源。"文化贫困"是在满足物质需求的前提下，人们内心空虚、浮躁，道德文化素养缺失，出现精神文化发展与物质文化发展相脱节的现象。针对以上两种心理贫困，政府应制定多样化的公共转移支付计划，比如，在社区或村庄设立文化娱乐阅览室和心理健康咨询室，为家庭提供丰富多样的教育、文化等公共服务供给。截至目前，我国农村活动的经济主体还是年纪稍大的中老年人，要想将老年人把贫困当作一种阻力的思想从根本上进行改变，我国相关政府部门应该从多种渠道学习，采取多种方法尽可能地为乡村留守老人提供合适的人力资源，鼓励留守驻村人员积极参与农业技术指导活动，积极动手创造财富。

4.积极创新发展型公共转移支付政策

所谓发展型公共转移支付政策，是指以提升相对贫困家庭自我发展能力为设计宗旨，包括提升相对贫困家庭的人力资本、改善相对贫困家庭的发展环境、促进相对贫困家庭的社会融合、降低相对贫困家庭的各种风险，最终表现为提高相对贫困家庭从市场获得收入的能力。目前在国际上比较突出的发展型公共转移支付政策是有条件的现金转移支付、工作福利政策等。发展型公共转移支付涉及对受助家庭的行为要求。如拉丁美洲流行的有条件的现金转移支付项目要求受助家庭要满足一系列条件，要保证将一部分受助资金用于子女的教育和医疗保健。

5.探索综合保障性扶贫政策

首先，综合保障性扶贫是将对相对贫困家庭的多种救助政策组合在一起，政策之间形成交互效应以取长补短实现政策效应最大化。如积极引入商业保险提升相对贫困家庭抵御各种风险的能力，引入职业技能培训提升相对贫困家庭的就业能力，引入社会组织、社会工作加强对相对贫困家庭的照护等。其次，综合保障性扶贫不仅是对人的保障，而且突出对相对贫困家庭权利的保障，赋予相对贫困家庭更多的财产权和选择权，尤其是给予相对贫困家庭更多进入城市和市场经济的应有权利、福利待遇和稳定可靠的生活预期。最后，综合保障性扶贫也不仅是对当下贫困状态的治理，而且需要充分考虑到相对贫困家庭前置和未来的风险，以降低相对贫困家庭生计的脆弱性，做到反贫、防贫和防止返贫三者的统一。相对贫困治理是一个系统化工程，需要运用综合性、整体性的思维，通过一系列政策工具相互配合、相互完善来应对。

6.完善帮扶政府与相对贫困家庭间的信息交流机制

提升相对贫困家庭对公共转移支付等扶贫政策的信任度。一方面，政府要定期向相对贫困家庭宣传国家的扶贫理念和具体措施，增强其对公共转移支付政策的了解和认同感。另一方面，借助大数据服务信息平台，以实现相对贫困家庭对各种需求的即时传递与表达，实现多样的公共转移支付资源供给与相对贫困家庭需求的精准对接，增强相对贫困家庭对公共转移支付等扶贫措施有效性及可靠性的感知，激发其依靠政府和社会的支持实现脱贫的能力与信心。

分城乡来看，要充分认识到农村依然是相对贫困治理的主战场，在乡村振兴战略背景下，振兴农业是保证农村实现可持续脱贫的根本，因此要整合包括公共转移支付在内的等各种扶贫政策。可将农村相对贫困群体分为"有或全劳动能力""半或弱劳动能力""完全丧失劳动能力"三种类型。在制定公共转移支付政策时依据三种劳动力类型实行分类定标、分类指导、分类施策。对于完全丧失劳动能力的群体采用直补的扶贫措施，对于具有全和半劳动力群体中有意愿外出打工者给予鼓励与支持，通过发放政策补贴的形式预防外出打工者再次成为城市的贫困人群。对于具有全和半劳动力的群体中愿意在家创业、就业者，以其需求为导向，聚焦优势特色产业，建立产业需求目录，让其自主选择产业，给予产业补贴，激发相对贫困群体发展产业的能动性，避免负向激励机制的发生。另外，可考虑为其购买"防贫保"等商业性保险，构筑起防贫和致贫的最后一道防线。

要充分意识到相对贫困治理阶段城镇的相对贫困问题不容小觑，"三无"人员和完全丧失劳动力的失业人员是城镇中最弱势的社会群体，对于这部分人群需要进行长期和综合性的救助，实施低保+福利捆绑政策不仅可以有效解决这类群体的生存困境，还可以节约管理成本，避免社会救助"碎片化"，提高社会救助的运行效率。同时，要构建社会力量参与的帮扶体系，引入社工、养老、保险等市场机构共同参与到弱势群体的贫困帮扶中，提高弱势群体的生活质量。对于具备劳动能力的失业群体应继续提高其就业创业能力，加大劳动技能培训力度，注重这类群体的人力资本积累以适应新时代发展要求。通过出台相关政策鼓励这部分人群自主就业创业，为他们提供就业指导、就业补贴、就业渠道、创业启动金等援助。

参考文献

引用型文献

[1] PIGOU A C. The economics of welfare[M]. London：Macmillan Company，1920.

[2] SEN A K. Poverty：an ordinal approach to measurement[J]. Econometrica，1976，44（2）：219–231.

[3] ATKINSON A B. Public economics in action：the basic income/flat tax proposal[M]. London: Qxford University Press，1996：1366–1368.

[4] CHEN S，MU R，RAVALLION M. Are there lasting impacts of aid to poor areas? evidence from rural China[J]. Policy Research Working Paper Series，2008，93（3）：512–528.

[5] KENWORTHY L. Do social-welfare policies reduce poverty? A Cross-National Assessment[J]. Social Forces，1999，77（3）：1119–1139.

[6] 刘柏惠，寇恩惠.政府各项转移收支对城镇居民收入再分配的影响[J].财贸经济，2014（9）：36–50.

[7] 郭庆旺，陈志刚，温新新，等.中国政府转移性支出的收入再分配效应[J].世界经济，2016，39（8）：50–68.

[8] 杨怀宏.我国财政转移支付对城镇减贫效应分析[J].城市发展研究，2015，22（6）：22–25.

[9] 卢洪友，杜亦譞.中国财政再分配与减贫效应的数量测度[J].经济研究，2019（2）：4–20.

[10] 刘雯.公共转移支付、劳动供给与农村包容性增长[J].调研世界，2020（10）：56–61.

[11] 王娟，张克中.公共支出结构与农村减贫：基于省级面板数据的证据[J].中国农村经济，2012（1）：31–42.

[12] 鲍震宇，赵元凤.农村居民医疗保险的反贫困效果研究：基于PSM的实证分析[J].江西财经大学学报，2018（1）：90–105.

[13] 柳清瑞，刘淑娜.农村基本养老保险的减贫效应：基于PSM-DID的实证分析[J].人口与发展，2019（3）：38–46.

[14] 曹艳春.农村低保制度对贫困群体生活水平改善效应研究[J].中国人口科学，2016（6）：88–97，128.

[15] 王庶，岳希明. 退耕还林、非农就业与农民增收：基于21省面板数据的双重差分分析[J]. 经济研究，2017，52(4)：106-119.

[16] 刘成奎，齐兴辉. 公共转移支付能授人以渔吗？：基于子代人力资本的研究[J]. 财政研究，2019(11)：77-90.

[17] 张召华，罗宇溪，李强. 群体分异视角下新农保"减贫"与"防贫"效果识别[J]. 统计与决策，2019(24)：90-93.

[18] 郑晓东，上官霜月，陈典，等. 有条件现金转移支付与农村长期减贫：国际经验与中国实践[J]. 中国农村经济，2020(9)：124-144.

[19] 王曦璟. 授之以鱼还是授之以渔？：论地区公共服务供给与转移支付减贫效应[C]// 中国数量经济学会. 中央财经大学. 21世纪数量经济学（第17卷）. 北京：中国数量经济学会，2016：15.

[20] 陈国强，罗楚亮，吴世艳. 公共转移支付的减贫效应估计：收入贫困还是多维贫困?[J]. 数量经济技术经济研究，2018，35(5)：59-76.

[21] ARROW K J, LERNER H, GREENFIELD, et al. "The trade-off between growth and equity," in theory for economic efficiency and essays in honor of Abba P[M]. Cam-bridge：MIT Press，1979.

[22] WALLE V D D. The static and dynamic incidence of vietnam's public safety net[J]. Journal of Comparative Economics，2004，32(4)：661—679.

[23] LI W, LI X, WANG W, et al. Fiscal policy, regional disparity and poverty in China: a general equilibrum approach[J]. SSRN Electronic Journal，2010.

[24] DABALEN A, KILIC T, WANE W. Social transfers, labor supply and poverty reduction: the case of Albania[J]. Social Science Electronic Publishing，2008(55)：1-55.

[25] 夏庆杰，宋丽娜，APPLETONS. 中国城镇贫困的变化趋势和模式：1988—2002[J]. 经济研究，2007(9)：96-111.

[26] 江新昶. 转移支付、地区发展差距与经济增长：基于面板数据的实证检验[J]. 财贸经济，2007(6)：50-56，129.

[27] 解垩. 公共转移支付与老年人的多维贫困[J]. 中国工业经济，2015(11)：32-46.

[28] 徐超，李林木. 城乡低保是否有助于未来减贫：基于贫困脆弱性的实证分析[J]. 财贸经济，2017，38(5)：5-19，146.

[29] 田子，解垩. 新农保和城居保对城乡老年人口的减贫效应：基于贫困脆弱性视角的分析[J]. 公共财政研究，2018（5）：38-52.

[30] 肖攀，苏静，刘春晖. "加剧"还是"缓解"：政府转移支付与农户家庭未来减贫[J]. 财经理论与实践，2020（4）：86-93.

[31] 孙伯驰，段志民. 农村低保制度的减贫效果[J]. 财政研究，2020（2）：113-128.

[32] BLAU D M, ROBINS P K. Labor supply response to welfare programs: a dynamic analysis[J]. Journal of Labor Economics, 1986, 4（1）: 82-104.

[33] DARITY W A, MYERS S L. Do transfer payments keep the poor in poverty?[J]. America Economic Review, 1987, 77（2）: 216-222.

[34] CEBULA R J, COOMBS C K. Recent evidence on factors influencing the female labor force participation rate[J]. Journal of Labor Research, 2008, 29（3）:272-284.

[35] SKOUFIAS E, MARO V D. Conditional cash transfers, adult work incentives and poverty[J]. The World Bank impact Evaluation Series, 2006（5）: 7-14.

[36] RAVALLION M, CHEN S. Benefit incidence with incentive effects, measurement errors and latent heterogeneity: A case study for China[J]. Journal of Public Economics, 2015（28）: 124-132.

[37] GERTLER P J, MARTINEZ S W, RUBIO-CODINA M. Investing cash transfer to raise long term living standards[J]. American Economic Journal: Applied Economics, 2012, 4（1）: 164-192.

[38] 蒋宏飞. 农户巩固退耕还林成果的激励约束机制探讨[J]. 农村经济，2008（1）：58-61.

[39] 刘穷志. 转移支付激励与贫困减少：基于PSM技术的分析[J]. 中国软科学，2010（9）：8-15.

[40] 王增文，邓大松. 农村低保及配套政策发展水平的地区性差异：基于29省市相关数据[J]. 中国地质大学学报（社会科学版），2012，12（1）：94-98，139.

[41] 储德银，赵飞. 财政分权、政府转移支付与农村贫困：基于预算内外和收支双重维度的门槛效应分析[J]. 财经研究，2013，39（9）：4-18.

[42] 刘一伟. "错位"还是"精准"：最低生活保障与农户多维贫困[J]. 现代经济探讨，2018（4）：109-115.

[43] 王鸥，杨进. 农业补贴对中国农户粮食生产的影响[J]. 中国农村经济，2014（5）：20-28.

[44] 高鸣，宋洪远，Carter M. 补贴减少了粮食生产效率损失吗？：基于动态资产贫困理论的分析[J]. 管理世界，2017（9）：85-100.

[45] 朱长宁，王树进. 退耕还林、耕地约束与农户经济行为[J]. 经济问题，2015（8）：86-90.

[46] 解垩. 公共转移支付对再分配及贫困的影响研究[J]. 经济研究，2017，52（9）：103-116.

[47] 田勇，殷俊，薛惠元. "输血" 还是 "造血"？面向农户的公共转移支付的减贫效应评估：基于农业产出的视角[J]. 经济问题，2019（3）：78-86.

[48] COADY D，GROSH M，HODDINOTT J. Targeting of transfers in developing countries：review of lessons and experience[M]. Washington：World Bank Publications，2004.

[49] BRADY D. The welfare state and relative poverty in rich western democracies，1967-1997[J]. Social Forces，2005，83（4）：1329-1364.

[50] CHEN S，RAVALLION M，WANG Y. Di Bao：a guaranteed minimum income in urban China?[R]. Policy Research Working Paper Series，2006.

[51] DIMOVA R，WOLFF F C. Are private transfers poverty and inequality reducing? household level evidence from Bulgaria[J]. Journal of Comparative Economics，2008，36（4）：584-598.

[52] NEWBERY D，STERN N. The theory of taxation for developing countries[M]. Oxford：Clarendon Press，1987.

[53] GAO Q，WU S，ZHAI F. Welfare participation and time use in China[J]. Social Indicators Research，2015，124（3）：863-887.

[54] GOLAN J，SICULAR T，UMAPATHI N. Unconditional cash transfers in China：Who benefits from the rural minimum living standard guarantee（Dibao）program?[J]. World Development，2017（93）：316-336.

[55] BESLEY T，PANDE R，RAO V. Just rewards?Local politics and public resource allocation in south India[J]. The World Bank Economic Review，2012，26（2）：191-216.

[56] CAEYERS B，DERCON S. Political connections and social networks in targeted transfer programs：evidence from rural ethiopia[J]. Economic Development and Cultural Change，2012，60（4）：639-675.

[57] PANDA S. Political connections and elite capture in a poverty alleviation programme in India[J]. The Journal of Development Studies, 2015, 51(1): 50-65.

[58] KILIC T, WHITNEY E, WINTERS P. Decentralised beneficiary targeting in large-scale development programmes: insights from the malawi farm input subsidy programme[J]. Journal of African Economies, 2015, 24(1): 26-56.

[59] ALATAS V, HANNA R, BANERJEE A, et al. Does elite capture matter? Local elites and targeted welfare programs in Indonesia[J]. AEA Papers and Proceedings, 2019(109): 334-339.

[60] 马拴友, 于红霞. 转移支付与地区经济收敛[J]. 经济研究, 2003(3): 26-33, 90.

[61] 王有捐. 对城市居民最低生活保障政策执行情况的评价[J]. 统计研究, 2006(10): 49-54.

[62] 张恒龙, 秦鹏亮. 政府间转移支付与省际经济收敛[J]. 上海经济研究, 2011(8): 90-98.

[63] 樊丽明, 解垩. 公共转移支付减少了贫困脆弱性吗?[J]. 经济研究, 2014, 49(8): 67-78.

[64] 都阳, ALBERT. 中国的城市贫困: 社会救助及其效应. [J]. 经济研究, 2007(12): 24-33.

[65] 卢现祥, 徐俊武. 中国共享式经济增长实证研究: 基于公共支出、部门效应和政府治理的分析[J]. 财经研究, 2012, 38(1): 27-37.

[66] 姚建平. 中国城市低保瞄准困境: 资格障碍、技术难题, 还是政治影响? [J]. 社会科学, 2018(3): 61-72.

[67] 陈传波, 王倩茜. 农村社会救助瞄准偏差估计: 来自120个自然村的调查[J]. 农业技术经济, 2014(8): 4-11.

[68] 朱梦冰, 李实. 精准扶贫重在精准识别贫困人口: 农村低保政策的瞄准效果分析[J]. 中国社会科学, 2017(9): 90-112, 207.

[69] 何欣, 朱可涵. 农户信息水平、精英俘获与农村低保瞄准[J]. 经济研究, 2019(12): 150-164.

[70] 宋锦, 李实, 王德文. 中国城市低保制度的瞄准分析[J]. 管理世界, 2020(6): 37-48, 243.

[71] 韩华为. 农村低保户瞄准中的偏误和精英俘获: 基于社区瞄准机制的分析[J]. 经济学动态, 2018(2): 49-64.

[72] 苏春红，解垩. 财政流动、转移支付及其减贫效率：基于中国农村微观数据的分析[J]. 金融研究，2015（4）：34–49.

[73] 李丹，刘小川. 政府间财政转移支付对民族扶贫县财政支出行为影响的实证研究：基于241个民族扶贫县的考察[J]. 财经研究，2014，40（1）：4–15.

[74] 宋颜群，解垩. 政府转移支付的扶贫效率、减贫效应及减贫方案选择[J]. 当代经济科学，2020，42（2）：1–15.

[75] COX D，HANSEN B E，JIMENEZ E，et al. How responsive are private transfers to income? Evidence from a laissez-faire economy[J]. Journal of Public Economics，2004，88（9）：2193–2219.

[76] MAITRA P，RAY R. The effect of transfers on household expenditure patterns and poverty in south Africa[J]. Journal of Development Economics，2003，71（1）：23–49.

[77] LAL D，SHARMA A. Private household transfers and poverty alleviation in rural India[J]. Margin：The Journal of Applied Economic Research，2009，3（2）：97–112.

[78] 卢盛峰，卢洪友. 政府救助能够帮助低收入群体走出贫困吗？：基于1989—2009年CHNS数据的实证研究[J]. 财经研究，2013，39（1）：4–16.

[79] 毛捷，汪德华，白重恩. 扶贫与地方政府公共支出：基于"八七扶贫攻坚计划"的经验研究[J]. 经济学（季刊），2012，11（4）：1365–1388.

[80] 郑旭辉，王小莲，宁满秀. 挤出效应视阈下新型农村社会养老保险制度的收入再分配效果分析[J]. 东南学术，2015（2）：150–156.

[81] 刘佩，张鑫. 城乡居民养老保险对代际转移的影响：基于CLHLS数据的研究[J]. 南方金融，2019（12）：33–42.

[82] 韩华为. 农村低保会挤出子女对老年父母的代际转移吗？：来自中国健康与养老追踪调查的证据[J]. 社会保障评论，2020（2）：70–86.

[83] 徐超，李林木. 城乡低保是否有助于未来减贫：基于贫困脆弱性的实证分析[J]. 财贸经济，2017（5）：5–19，146.

[84] KANG S J，SAWADA Y. Did public transfers crowd out private transfers in Korea during the financial crisis?[J]. Journal of Development Studies，2009，45（2）：276–294.

[85] 解垩. "挤入"还是"挤出"？中国农村的公共转移支付与私人转移支付[J]. 人口与发展，2013，19（4）：19，28–36.

[86] 万相昱.中国净等价收入规模的测算方法及应用[J].数量经济技术经济研究, 2015, 32（11）: 119-132.

[87] DEATON A, MUELLBAUER J. On measuring child costs in poor on measuring child costs: with applications to poor countries[J]. Journal of Political Economy, 1986, 94: 720-744.

[88] HAGENAARS A JM, VOS K, ASGHAR Z M. Poverty statistics in the late 1980s: research based on micro-data[M]. Luxembourg: Off. of Official Publ. of the Europ. Communities, 1994.

[89] MCCLEMENTS L. Equivalence Scales for Children[J]. Journal of Public Economics, 1977, 19（8）: 191-210.

[90] 高艳云, 王曦璟.教育改善贫困效应的地区异质性研究[J].统计研究, 2016, 33 （9）: 70-77.

[91] The Department for International Development. The DFID sustainable livelihood Framework[M].1999.

[92] BLUNDELL R. Consumption inequality and partial insurance[J]. Working Papers, 2008, 98（5）.

[93] 陈共.财政学[M].第8版.北京: 中国人民大学出版社, 1998.

[94] ROWNTREE S. Poverty: A study of town life[M]. London: Macmillan, 1901.

[95] TOWNSEND P. Poverty in the United Kingdom: a survey of household resources and standards of living[M]. Berkeley: University of California Press, 1979.

[96] 世界银行.世界发展报告[M].北京: 中国财政经济出版社, 1983.

[97] SEN A. Poverty and famines: an essay on entitlement and deprivation[M]. Oxford: Clarendon Press, 1981.

[98] 国家统计局.《中国城镇居民贫困问题研究》课题组和《中国农村贫困标准》课题组的研究报告[R].北京: 国家统计局, 1990.

[99] 胡代光, 高鸿业.现代西方经济学词典[M].北京: 中国社会科学出版社, 1996.

[100] 陆小华.西部对策: 抑制返贫与中西部发展[M].北京: 新华出版社, 2000.

[101] 童星, 林闽钢.我国农村贫困标准线研究[J].中国社会科学, 1994（3）: 86-98.

[102] 杨舸.流动人口与城市相对贫困: 现状、风险与政策[J].经济与管理评论, 2017（1）: 13-22.

[103] 谭诗斌.自然贫困线原理、方法与实证研究[M].武汉: 武汉大学出版社, 2018.

[104] NARKSE R. 不发达国家的资本形成问题 [M]. 谨斋，译. 北京：商务印书馆，1966.

[105] NELSON R R. A theory of the low-level equilibrium trap in underdeveloped economies[J]. The American Economic Review, 1956, 46(5): 894-908.

[106] 奥斯卡·刘易斯. 桑坊斯的孩子们：一个墨西哥家庭的自传[M]. 上海：上海译文出版社，2014.

[107] DEATON A, MUELLBAUER J. An almost ideal demand system[J]. American Economic Association, 1980, 70(3): 312-326.

[108] 毛广雄. "苏南模式" 城市化进程中的农村相对贫困问题[J]. 人口与经济，2004(6): 7-11, 36.

[109] 张明皓，豆书龙. 2020 年后中国贫困性质的变化与贫困治理转型[J]. 改革，2020(7): 98-107.

[110] 汪三贵，曾小溪. 后 2020 贫困问题初探[J]. 河海大学学报（哲学社会科学版），2018(2): 7-13, 89.

[111] 王磊. 建立解决相对贫困的长效机制[N]. 中国社会科学报，2019-12-25(04).

[112] 左停，苏武峥. 乡村振兴背景下中国相对贫困治理的战略指向与政策选择[J]. 新疆师范大学学报（哲学社会科学版），2020(4): 88-96.

[113] 郭熙保. 论贫困概念的内涵[J]. 山东社会科学，2005(12): 19, 49-54.

[114] 张琦，杨铭宇，孔梅. 2020 后相对贫困群体发生机制的探索与思考[J]. 新视野，2020(2): 26-32, 73.

[115] 杨菊华，刘轶锋，王苏苏. 贫困的识别与测量：从单维到多维的变化[J]. 扬州大学学报（人文社会科学版），2019(5): 32-43.

[116] The World Bank. Introduction to poverty analysis[EB/OL]. (2014-08-29). https://documents.worldbank.org/en/publication/documents-reports/documentdetail/775871468331250545/introduction-to-poverty-analysis.

[117] 于光军. 消除绝对贫困向解决相对贫困的战略递进及政策调整研究：以内蒙古脱贫攻坚工作为样本[J]. 内蒙古社会科学，2020(4): 4: 206-212.

[118] 陈宗胜，沈扬扬，周云波. 中国农村贫困状况的绝对与相对变动：兼论相对贫困线的设定[J]. 管理世界，2013(1): 67-77.

[119] 程永宏，高庆昆，张翼. 改革以来中国贫困指数的测度与分析[J]. 当代经济研究，2013(6): 26-32, 93.

[120] 蔡亚庆，王晓兵，杨军，等.我国农户贫困持续性及决定因素分析：基于相对和绝对贫困线的再审视[J].农业现代化研究，2016（1）：9-16.

[121] 李实，朱梦冰.中国经济转型40年中居民收入差距的变动[J].管理世界，2018，34（12）：19-28.

[122] 邢成举，李小云.相对贫困与新时代贫困治理机制的构建[J].改革，2019（12）：16-25.

[123] 沈扬扬，李实.如何确定相对贫困标准？：兼论"城乡统筹"相对贫困的可行方案[J].华南师范大学学报（社会科学版），2020（2）：91-101，191.

[124] 黄忠晶."绝对贫困与相对贫困"辨析[J].天府新论，2004（2）：76-77.

[125] 祝梅娟.贫困线测算方法的最优选择[J].经济问题探索，2003（6）：39-44.

[126] 骆祚炎.利用线性支出系统ELES测定贫困线的实证分析：兼比较几种贫困标准[J].当代财经，2006（3）：5-10.

[127] 张艳涛，白云涛，韩国栋.采用扩展线性支出系统来测算贫困线[J].市场周刊（理论研究），2007（11）：143-144.

[128] 朱海玲.城镇居民贫困线的测定[J].管理科学文摘，2007（4）：102-104.

[129] 姚金海.基于ELES方法的贫困线测量[J].统计与决策，2007（2）：115-117.

[130] 唐运舒，于彪.贫困线几种测量方法的实证比较[J].当代经济管理，2009，31（5）：66-69.

[131] 汪晓文，马凌云，李玉洁.基于ELES方法的甘肃农村贫困线测定分析[J].甘肃联合大学学报（社会科学版），2011（5）：1-6.

[132] 杨雪，王志斌.城市低保线省际水平差异实证研究：基于31省（市、自治区）的扩展线性支出法测算[J].人口与经济，2011（2）：69-76.

[133] 高建民，李逸舒，沈迟，等.度量陕西省城镇和农村贫困：基于不同贫困线和指标的对比研究[J].中国卫生经济，2014，33（7）：47-50.

[134] 王翠翠，夏春萍，蔡轶，等.几种贫困线测算方法的比较分析与选择[J].新疆农垦经济，2018（4）：79-85.

[135] 闫菊娥，高建民，杨晓玮，等.贫困线测算方法与实证[J].统计与决策，2018（22）：25-30.

[136] 林万龙，陈蔡春子.从满足基本生活需求视角看新时期我国农村扶贫标准[J].西北师范大学学报（社会科学版），2020（2）：122-129.

[137] LUCH C. The extended linear expenditure system[J]. European Economic Review, 1973, 4(1): 21-32.

[138] 李实, 李玉青, 李庆海. 从绝对贫困到相对贫困: 中国农村贫困的动态演化[J]. 华南师范大学学报 (社会科学版), 2020(6): 30–42, 189.

[139] 宋扬, 赵君. 中国的贫困现状与特征: 基于等值规模调整后的再分析[J]. 管理世界, 2015(10): 65–77.

[140] 周玉龙, 孙久文, 梁玮佳. 中国贫困程度的再估计: 基于中国综合社会调查的空间异质性分析[J]. 中国人民大学学报, 2017, 31(1): 71–81.

[141] HOURRIEZ J M, OLIER L. Standard of living and household size: estimations of an equivalence scale[J]. Economie et Statistique, 1997(308–310): 65–94, 264–70.

[142] ZHAO Y X. A Study on the model of household consumption function with demographic variables[J]. Journal of the Korean Home Economics Association, 1997, 35(2): 333–344.

[143] DONALDSON D, PENDAKUR K. The identification of fixed costs from consumer behavior[J]. Journal of Business & Economic Statistics, 2006, 24(3): 255–265.

[144] BALLI F, TIEZZI S. Equivalence scales, the cost of children and household consumption patterns in Italy[J]. Review of Economics of the Household, 2010, 8(4): 527–549.

[145] DALE W J, DANIEL T S. Aggregate consumer behavior and household equivalence scales[J]. Journal of Business & Economic Statistics, 2012, 5(2): 219–232.

[146] 霍鑫颖. 中国居民家庭的等价尺度及其应用研究[D]. 天津: 天津财经大学, 2012.

[147] ULMAN P. Equivalence scale in terms of polish households' source of income[J]. Folia Oeconomica Stetinensia, 2012, 10(2): 114–127.

[148] HASAN S A. Engel curves and equivalence scales for Bangladesh[J]. Journal of the Asia Pacific Economy, 2016, 21(2): 301–315.

[149] BIEWEN M, JUHASZ A. Direct estimation of equivalence scales and more evidence on independence of base[J]. Oxford Bulletin of Economics and Statistics, 2017, 79(5): 875–905.

[150] BÜTIKOFER A, GERFIN M. The economies of scale of living together and how they are shared: estimates based on a collective household model[J]. Review of Economics of the Household, 2017, 15(2): 433–453.

[151] 李国景, 陈永福. 少子老龄化、家庭结构与城镇居民食物消费: 基于成人等价尺度方法的实证研究[J]. 南开经济研究, 2018(3): 83-99.

[152] PHIPPS S A. What is the income "cost of a child"? exact equivalence scales for canadian two-parent families[J]. Review of Economics and Statistics, 1998, 80 (1): 157-164.

[153] POLIN V. IL costo dei figli: una stima svincolata dal benessere[J]. Rivista Internazionale Di Scienze Sociali, 2004, 112(1): 79-108.

[154] OYAMA M. Measuring cost of children using equivalence scale on Japanese panel data[J]. Applied Economics Letters, 2006, 13(7): 409-415.

[155] SELIM R, KAYA G. The changes of cost of children for turkey by using income-dependent equivalence scales[J]. Social Indicators Research, 2018, 139(2): 803-824.

[156] 刘娜, 李小瑛, 颜璐. 中国家庭育儿成本: 基于等价尺度福利比较的测度[J]. 人口与经济, 2020: 1-17.

[157] LANCASTER G, RAY R. Comparison of alternative models of household equivalence scales: the australian evidence on unit record data[J]. Economic Record, 1998, 74(224): 1-14.

[158] KLAVUS J. Health care and economic well-being: estimating equivalence scales for public health care utilization[J]. Health Economics, 1999, 8(7): 613-625.

[159] FRANCOEUR R B. Use of an income-equivalence scale to understand age-related changes in financial strain[J]. Research on Aging, 2002, 24(4): 445-472.

[160] BERLOFFA G, Brugiavini A, Rizzi D. Health, income and inequality: evidence from a survey of older italians[J]. Giornale degli Economisti e Annali di Economia, 2003, 62(1): 35-55.

[161] REYNOSO H L. Análisis de la polarización del ingreso de los hogares en México durante 1984-2000[J]. Investigación Económica, 2003, 62(246): 125-154.

[162] LAMBERT P J. Income taxation and equity[J]. Baltic Journal of Economics, 2003, 4(1): 39-54.

[163] CRONIN J A, Defilippes P, Lin E Y. Effects of adjusting distribution tables for family size[J]. National Tax Journal, 2012, 65(4): 739-758.

[164] 刘茜茜. 以家庭为单位征收个人所得税的标准费用扣除问题探索[D]. 天津: 天津财经大学, 2016.

[165] VOS K D, ZAIDI M A. Equivalence scale sensitivity of poverty statistics for the member states of the european community[J]. Review of Income and Wealth, 1997, 43（3）: 319–333.

[166] BARNEA A, DVIR E. Israeli equivalence scales–another look [J]. The Economic Quarterly, 2000, 47（4）: 484–509.

[167] BLACKLOW P, RAY R. A comparison of income and expenditure inequality estimates: the australian evidence, 1975–76 to 1993–94[J]. Australian Economic Review, 2000, 33（4）: 317–329.

[168] DUCLOS J Y, MAKDISSI P. Sequential stochastic dominance and the robustness of poverty orderings[J] Review of Income and Wealth, 2005, 51（1）: 63–87.

[169] CREEDY J, SLEEMAN C. Adult equivalence scales, inequality and poverty[J]. New Zealand Economic Papers, 2005, 39（1）: 51–81.

[170] ELTETO O, HAVASI E. Impact of choice of equivalence scale on income inequality and on poverty measures[J]. Akadémiai Kiadó, 2005, 8（2）: 137–148.

[171] CHEN Z. Measuring the poverty lines for urban households in China an equivalence scale method[J]. China Economic Review, 2006, 17（3）: 239–252.

[172] BRAITHWAITE J, MONT D. Disability and poverty: a survey of world bank poverty assessments and implications[J]. Alter-European Journal of Disability research, 2008, 3（3）: 219–232.

[173] COCKBURN J, DAUPHIN A, RAZZAQUE M A. Child poverty and intra-household allocation[J]. Children Youth and Environments, 2009, 19（2）: 36–53.

[174] QUINTANA C D D, MALO M A. Poverty dynamics and disability: an empirical exercise using the European community household panel[J]. Journal of Socio-Economics, 2012, 41（4）: 350–359.

[175] KALBARCZYK M, MISTA R, MORAWSKI L. Subjective equivalence scale cross-country and time differences[J]. International Journal of Social Economics, 2017, 44（8）: 1092–1105.

[176] 黄金玲, 廖娟. 残疾与贫困: 基于等价尺度的再分析[J]. 人口发展, 2018, 24（6）: 95–108.

[177] ERUS B. Equivalence scales and the change in poverty levels across time: Turkish case[J]. Middle East Development Journal, 2020, 12（1）: 24–34.

[178] ZHANG Y, WAN G H. The impact of growth and inequality on rural poverty in China[J]. Journal of Comparative Economics, 2006, 34(4): 694–712.

[179] OSBERG L, KUAN XU K. How should we measure poverty in a changing world? methodological issues and chinese case study[J]. Review of Development Economics, 2008, 12(2): 419–441.

[180] GRAVEMEYER S, GRIES T, XUE J. Poverty in Shenzhen[C]. Paderborn: University of Paderborn, CIE Center for International Economics, 2010.

[181] 韩秀兰, 张楠. 家庭等价规模与收入贫困的精准识别[J]. 统计与信息论坛, 2019, 34(6): 115–121.

[182] ZIMMERMAN K F, 申其辉, 孙静. 经济学前沿问题[M]. 北京: 中国发展出版社, 2004.

[183] FOSTER J E, GREER J, THORBECKE E. A class of decomposable poverty measures[J]. Econometrica, 1984, 52(3): 761–766.

[184] ZHANG C, XU Q, ZHOU X, et al. Are poverty rates underestimated in China? New evidence from four recent surveys[J]. China Economic Review, 2014(31): 410–425.

[185] FELDSTEIN M. Social security, induced retirement and aggregate capital accumulation: a correction and updating[J]. Journal of Political Economy, 1974, 82(5): 905–926.

[186] BRAKMAN S, GARRETSEN H, SCHRAMM M. New economic geography in germany: testing the Helpman-Hanson Model[J]. Discussion Paper Series, 2002.

[187] WAGSTAFF A, PRADHAN M. Health insurance impacts on health and nonmedical consumption in a developing country[J]. World Bank Policy Research Working Paper, 2005.

[188] GAO Q, ZHAI F, GARFINKEL I. How does public assistance affect family expenditures? the case of urban China[J]. World Development, 2010, 38(7): 989–1000.

[189] BAI C E, WU B Z. Health insurance and consumption: Evidence from China's New Cooperative Medical Scheme[J]. Journal of Comparative Economics, 2014, 42(2): 450–469.

[190] 陈梦真. 我国养老保险对城镇居民消费的影响研究[D]. 长沙: 湖南师范大学, 2010.

[191] 甘犁，刘国恩，马双．基本医疗保险对促进家庭消费的影响[J]．经济研究，2010，45（S1）：30-38．

[192] 白重恩，李宏彬，吴斌珍．医疗保险与消费：来自新型农村合作医疗的证据[J]．经济研究，2012，47（2）：41-53．

[193] 武晓利，晁江锋．财政支出结构对居民消费率影响及传导机制研究：基于三部门动态随机一般均衡模型的模拟分析[J]．财经研究，2014，40（6）：4-15．

[194] 刘小川，汪利锬．居民消费与最优政府支出：理论与动态估计[J]．财贸研究，2014（7）：22-36．

[195] 梁晓敏，汪三贵．农村低保对农户家庭支出的影响分析[J]．农业技术经济，2015（11）：24-36．

[196] 李琼英，张金明．安徽省农村地区养老保障的现状与思考[J]．乡镇经济，2009，25（10）：62-65．

[197] 李立，李春琦．我国消费平滑的地区性差异及其根源：家庭、社区和政府的比较分析[J]．财经研究，2019，45（4）：125-140．

[198] 吴敏．低收入家庭现金转移支付的消费刺激作用：来自城乡居民最低生活保障项目的经验证据[J]．财政研究，2020（8）：40-54．

[199] GAGAN P. The effect of pension plans on aggregate saving：evidence from a sample survey[M]. New York：Columbia University Press，1965.

[200] ALAN S，BLINDER. Distribution effects and the aggregate consumption function[J]. Journal of Political Economy，1975，83（3）：447-475.

[201] 赵卫华．消费的社会结构意义：早期社会学家的消费思想[J]．中国社会科学院研究生院学报，2004（1）：72-76，141．

[202] 杨天宇，王小婷．我国社会保障支出对居民消费行为的影响研究[J]．探索，2007（5）：63-66．

[203] 谢文，吴庆田．农村社会保障支出对农村居民消费的影响的实证研究[J]．财经理论与实践，2009，30（5）：27-32．

[204] 白重恩，吴斌珍，金烨．中国养老保险缴费对消费和储蓄的影响[J]．中国社会科学，2012（8）：48-71，204．

[205] 李珍，赵青．我国城镇养老保险制度挤进了居民消费吗？：基于城镇的时间序列和面板数据分析[J]．公共管理学报，2015，12（4）：102-110，158．

[206] 冯博. 中国养老保险制度对城镇居民消费的影响：基于OLG模型和2012年中国省际横截面数据的实证分析[J]. 兵团党校学报，2015（2）：36-40.

[207] BARRO R J. Are government bonds net wealth?[J]. Journal of Political Economy，1974（82）：1095-1117.

[208] KOTLIKOFF L J. Testing the theory of social security and life cycle accumulation[J]. American Economic Review，1979，69（3）：396-410.

[209] ERIC M，ENGEN，GRUBER J. Unemployment insurance and precautionary saving[J]. Journal of Monetary Economics，2001，47（3）：545-579.

[210] 布兰查德，费希尔. 宏观经济学（高级教程）[M].刘树成，等译. 北京：经济科学出版社，1998：120-122.

[211] MAITRA，RAY. The effect of transfers on household expenditure patterns and poverty in South Africa[J]. Journal of Development Economics，2003，71（1）：23-49.

[212] PHILIP H，BROWN，BRAUW A D，等. 新型农村合作医疗与农户消费行为[J]. 中国劳动经济学，2009（2）：5-33.

[213] 尹华北，王新海. 基于转移收入视角的农村居民消费需求研究[J]. 消费经济，2010，26（4）：14-17.

[214] 张攀峰，陈池波. 新型社会保障对农村居民消费的影响研究：基于农户调研数据的微观分析[J]. 调研世界，2012（1）：25-28.

[215] 马光荣，周广肃. 新型农村养老保险对家庭储蓄的影响：基于CFPS数据的研究[J]. 经济研究，2014，49（11）：116-129.

[216] 魏勇. 社会保障、收入门槛与城镇居民消费升级[J]. 社会保障评论，2017，1（4）：21-35，126.

[217] ROSENBAUM P R，RUBIN D B. The central role of the propensity score in observational studies for causal effects[J]. Biometrika，1983，70（1）：41-55.

[218] HECKMAN J J，HIDEHIKO I，TODD P E. Matching as an econometric evaluation estimator：evidence from evaluating a job training programme[J]. The Review of Economic Studies，1997，64（4）：605-654.

[219] 解垩. 公共转移支付和私人转移支付对农村贫困、不平等的影响：反事实分析[J]. 财贸经济，2010（12）：56-61.

[220] 汪三贵，PAKK A. 中国农村贫困人口的估计与瞄准问题[J]. 贵州社会科学，2010（2）：68-72.

[221] ABADIE A，IMBENS G W. Large sample properties of matching estimators for average treatment effects[J]. Econometrica，2006，74（1）：235-267.

[222] 刘飞，王欣亮，白永秀. 城乡协调分异、社会保障扭曲与居民消费差距[J]. 当代经济科学，2018，40（3）：35-44，125.

[223] LIN N. Social capital[M]. Cambridge：Cambridge University Press，2001.

[224] 左停，徐卫周. 综合保障性扶贫：中国脱贫攻坚的新旨向与新探索[J]. 内蒙古社会科学（汉文版），2019，40（3）：36-44，213.

[225] 张梦林，李国平. 商业保险降低家庭贫困脆弱性的政策效应评估与作用机制分析[J]. 当代经济研究，2020（11）：91-102.

[226] 陶芝兰，王欢. 信任模式的历史变迁：从人际信任到制度信任[J]. 北京邮电大学学报（社会科学版），2006（2）：20-23.

[227] 牛文涛，姜润鸽. 新中国70年的农村养老保障：历史演进与现实困境[J]. 农业经济问题，2020（2）：54-64.

[228] 周东洋，吴愈晓. 职业培训与中国城市居民的人力资本和收入差距[J]. 江苏社会科学，2019（5）：114-123，259.

阅读型文献

[1] 范金，王亮，坂本博. 几种中国农村居民食品消费需求模型的比较研究[J]. 数量经济技术经济研究，2011，28（5）：64-77.

[2] 傅一铮，苏桦芳. 中国城乡家庭购买商业保险的影响因素分析[J]. 哈尔滨商业大学学报（社会科学版），2016（5）：17-28.

[3] 胡兵，涂先进，胡宝娣. 社会保障对农村居民消费影响的门槛效应[J]. 当代经济研究，2013（12）：61-67.

[4] 郎亮明，陆迁. 农户感知视角下的科技扶贫减贫绩效[J]. 华南农业大学学报（社会科学版），2021，20（1）：22-37.

[5] 刘新，刘伟，胡宝娣. 社会保障支出、不确定性与居民消费效应[J]. 江西财经大学学报，2010（4）：49-55.

[6] 任志安，朱康凤. 我国公共转移支付的减贫效应研究[J]. 东北农业大学学报（社会科学版），2018，16（6）：1-8.

[7] 唐琦，夏庆杰，李实. 中国城市居民家庭的消费结构分析：1995—2013[J]. 经济研究，2018，53（2）：35-49.

[8] 唐任伍. 贫困文化韧性下的后小康时代相对贫困特征及其治理[J]. 贵州师范大学学报（社会科学版），2019（5）：55-63.

[9] 温忠麟，叶宝娟. 中介效应分析：方法和模型发展[J]. 心理科学进展，2014，22（5）：731-745.

[10] 吴愈晓，王鹏，杜思佳. 变迁中的中国家庭结构与青少年发展[J]. 中国社会科学，2018（2）：98-120，206-207.

[11] 肖攀，李连友，苏静. 农村社会保障对消费结构影响的门槛效应：基于PSTR模型的分析[J]. 经济经纬，2016，33（5）：36-41.

[12] 筱婷，陆小慧. 有兄弟对女性是好消息吗？：家庭人力资本投资中的性别歧视研究[J]. 经济学（季刊），2018，17（1）：277-298.

[13] 许宪春. 准确理解中国的收入、消费和投资[J]. 中国社会科学，2013（2）：4-24，204.

[14] 元惠连，夏庆杰，王小林. 基于QUAIDS模型的中国农村居民消费需求实证分析[J]. 劳动经济研究，2017，5（4）：48-82.

[15] 张冰子，贾坤，申广军. 城镇贫困的特征演变[J]. 统计研究，2019，36（2）：11-22.

[16] 张颖熙. 中国城镇居民服务消费需求弹性研究：基于QUAIDS模型的分析[J]. 财贸经济，2014（5）：127-135.

[17] 李飞. 来自牧区产业扶贫路上的诉说[N]. 乌兰察布日报，2019-08-14（3）.

[18] 雷明. 提升贫困群体可持续发展能力[N]. 中国社会科学报，2018-11-21（4）.

[19] BOOTH C. Labor and life of the people：east london[M]. London：Macmillan，1892.

[20] LOU J W，WANG S L. Public finance in China：reform and growth for a harmonious society[M]. Washington：World Bank Publish，2008：317-334.

[21] BANKS J，BLUNDELL R，LEWBEL A. Quadratic engel curves and consumer demand[J]. Review of Economics and Statistics，1997，79（4）：527-539.

[22] Deaton A，Muellbauer J. An almost ideal demand system[J]. American Economic Review，1980，70（3）：312-326.

[23] DEATON A. Looking for boy-girl discrimination in household expenditure data[J]. The World Bank Economic Review，1989，3（1）：1-15.

[24] DEATON A. Measurement of welfare：theory and practical guidelines[R]. 1980.

[25] GUPTA D, MONICA. Selective discrimination against female children in rural Punjab India[J]. Population and Development Review, 1987, 13(1): 77-100.

[26] HABIBOV N. An Intertemporal Evolution of Inequality in Azerbaijan, 1995-2002[J]. Problems of Economic Transition, 2010, 52(9): 51-77.

[27] RUBIN R D B. The bias due to incomplete matching[J]. Biometrics, 1985, 41(1): 103-116.

[28] SAHNI R, SHANKAR V K. Girls' higher education in India on the road to inclusiveness: on track but heading where?[J]. Higher Education, 2012, 63(2): 237-256.

[29] STREAK J C, YU D, BERG S V D. Measuring child poverty in South Africa: sensitivity to the choice of equivalence scale and an updated profile[J]. Social Indicators Research, 2009, 94(2): 183-201.

[30] TEFERA N. Welfare impacts of rising food prices in rural ethiopia: a quadratic almost ideal demand system approach[C]. Iguacu: IAAE Triennial Conference, 2012.

[31] POI B P. Dairy policy and consumer welfare[D]. Ann Arbor: University of Michigan, 2002.

[32] ALEM Y. Essays on shocks, welfare, and poverty dynamics: micro econometric evidence from Ethiopia[D]. Gothenburg: University of Gothenburg, 2011.

附　录

附表1　城镇调节效应估计结果（2）

模型变量	13	14	15	16	17	18
控制变量	已控制	已控制	已控制	已控制	已控制	已控制
$insur_{1i}*T_i$	0.0543*** (3.68)	0.0191 (0.38)	0.0542*** (3.70)			
$insur_{2i}*T_1$		0.0320 (0.78)			0.0453*** (3.74)	0.0454*** (3.77)
$train*T_1$	0.0112 (0.89)			0.0180 (1.45)	0.0116 (0.92)	
$trust*T_1$			0.0300* (1.52)	0.0361** (1.85)		0.0308 (1.56)
ATT	−0.1967*** (−3.02)	−0.1920*** (−2.94)	−0.1854*** (−2.84)	−0.2159*** (−3.63)	−0.1895*** (−2.91)	−0.1874*** (−2.87)
bootstrap Std.err.	0.0897	0.0836***	0.0890***	0.0818**	0.0857**	0.0868**
对数似然值	−693.9253	−694.0135	−693.1496	−698.9435	−693.6647	−692.3947
Pseudo R^2	0.1212	0.1211	0.1222	0.1148	0.1215	0.1231

数据来源：Stata15.0统计结果。

注：*、**、***分别表示在10%、5%、1%的显著性水平下显著。

附表2　城镇调节效应估计结果（3）

模型变量	19	20	21	22
控制变量	已控制	已控制	已控制	已控制
$insur_{1i}*T_i$		0.0150 (0.30)	0.0165 (0.33)	0.0523*** (3.52)
$insur_{2i}*T_1$	0.0438*** (3.67)	0.0336 (0.82)	0.0324 (0.79)	
$train*T_1$	0.0117 (0.93)		0.0113 (0.90)	0.0114 (0.90)
$trust*T_1$	0.0309 (1.57)	0.0305* (1.54)		0.0302 (1.53)
ATT	−0.1847*** (−2.82)	- 0.1862*** (−2.85)	−0.1892*** (−2.90)	−0.1816*** (−2.79)
bootstrap Std.err.	0.0846**	0.0852***	0.0876	0.0842***
对数似然值	−692.4262	−692.8093	−693.6092	−692.7445
Pseudo R^2	0.1231	0.1226	0.1216	0.1227

数据来源：Stata15.0统计结果。

注：*、**、***分别表示在10%、5%、1%的显著性水平下显著。

附表3　农村调节效应估计结果（2）

模型变量	23	24	25	26	27	28
控制变量	已控制	已控制	已控制	已控制	已控制	已控制
$insur_{1i}*T_i$		0.0632 (1.38)		0.0546 (1.19)		0.0647 (1.41)
$insur_{2i}*T_1$	0.1343** (2.00)	0.1557** (2.33)	0.1524** (2.29)			
train*T_1				0.0449 (1.57)	0.0363* (1.26)	0.0489* (1.66)
trust*T_1	0.0416** (2.26)			0.0449** (2.45)	0.0431** (2.34)	
ATT	−0.1629*** (−2.19)	−0.1686*** (−2.14)	−0.1640*** (−2.09)	−0.1772*** (−2.39)	−0.1671*** (−2.26)	−0.1910*** (−2.57)
bootstrap Std.err.	0.0886	0.0995	0.1039	0.0970***	0.0948	0.0975*
对数似然值	−594.2698	−595.8353	−693.1496	−698.9435	−595.4608	−597.1440
Pseudo R^2	0.1166	0.1143	0.1222	0.1148	0.1149	0.1124

数据来源：Stata15.0统计结果。

注：*、**、***分别表示在10%、5%、1%的显著性水平下显著。

附表4　农村调节效应估计结果（3）

模型变量	29	30	31	32
控制变量	已控制	已控制	已控制	已控制
$insur_{1i}*T_i$	0.0680* (1.48)		0.0577* (1.25)	0.0603 (1.30)
$insur_{2i}*T_1$	0.1557*** (2.34)	0.1351** (2.02)	0.1374** (2.04)	
train*T_1	0.0492* (1.67)	0.0370 (1.28)		0.0410 (1.38)
trust*T_1		0.0385** (2.07)	0.0403** (2.18)	0.0419** (2.23)
ATT	−0.1628** (−2.17)	−0.1637*** (−2.08)	−0.1632*** (−2.16)	−0.1753*** (−2.35)
bootstrap Std.err.	0.1001	0.0936**	0.0920*	0.0933***
对数似然值	−594.4611	−593.4599	−593.4781	−594.5938
Pseudo R^2	0.1163	0.1178	0.1178	0.1161

数据来源：Stata15.0统计结果。

注：*、**、***分别表示在10%、5%、1%的显著性水平下显著。